한눈에 사람을 알아보는 107가지 비결

한눈에 사람을 알아보는 107가지 비결

구니시 요시히코 지음 | 우제열 옮김

책이있는마을

머리말

'사람을 보는 눈'

이것을 키우는 일은 사회생활을 하는 사람이라면 누구에게나 중요하다. 단적인 예를 든다면, 경영자의 역량은 거의 '사람을 보는 눈' 에 의해서 결정된다고 해도 과언이 아님을 누구나 알고 있다.

관리자와 영업사원, 일반 비즈니스맨들에게도 자신의 직장은 물론, 거래처 사람과 인간관계를 맺는 것은 업무상 아주 중요하다. 인간관계가 원만하지 못한 사람은 아무리 수완이 좋아도 어느 시점에서는 낭패를 보게 된다. 인간관계에서 가장 중요한 것은 자신을 알고 남을 아는 것이다.

요즘은 많이 달라졌지만 아직까지도 적지 않은 사람들이 여성의 앞날은 '어떤 배우자를 만나느냐에 따라 행 · 불행이 결정된다고 생각한다. 남성의 경우도 배우자에 따라서 앞날이 크게 좌우되기는 마찬가지다. 특히 여성의 지위가 향상되고 발언권이 더욱 강해지면서 악처로 인해 눈물을 흘리는 남성도 더욱 늘어날 것이다.

결국 남녀 관계에서도 이성을 보는 눈을 잘 연마해두지 않으면 나중에 어떤 짐을 짊어지게 될지 모르는 일이다.

이처럼 우리들은 직장과 가정, 학교와 그밖에 여러 곳에서 수많은 사람들과 만나며 생활한다. 그러니만큼 더욱더 '정확하게 사람을 볼 줄 아는 눈' 이 필요한 것은 두말 할 나위도 없다.

21세기는 '마음의 시대' 라고 한다. 그러나 정작 그 내면을 들여다보면 마음이 풍요로워지기는커녕 오히려 마음은 점점 더 황폐해져 비참하고 슬픈 일들이 여기저기에서 일어나고 있는 실정이다.

'사람의 내면을 꿰뚫고 인간 자체를 이해하는 일' 이 중요한 것은 바로 이 같은 이유 때문이다. 상대방을 깊이 있게 파악하고 이해함으로써 정신적으로 풍요롭고 마음의 충실감을 맛볼 수 있는 것이다.

이 책은 이런 사회적인 배경을 근거로 다양한 각도에서 '남을 알고 자신을 이해하는 힌트' 를 제시하기 위해 기획되었다고 할 수 있다.

1982년 이 책의 초판이 세상에 선을 보인 뒤로 20년이 넘도록 꾸준히 독자들의 사랑을 받아온 것은, 사람을 꿰뚫어보는 일은 인간에게 있어서 '영원한 테마' 라는 것을 증명하는 좋은 예라고 할 수 있다.

이번 개정판은 초판의 좋은 점을 살리면서 '마음의 시대' 에 걸맞은 내용을 담기 위해 애썼다. 이 책을 계기로 원만한 인간관계를 맺어 좋은 친구, 좋은 파트너를 만나 정신적으로 충실한 나날을 보낼 수 있게 된다면 더할 나위 없는 행복이겠다.

이 책이 다시 한번 빛을 발할 수 있도록 지원해주신 코 서방 사장님을 비롯하여 편집진에게 감사드린다.

2002년 구니시 요시히코

c·o·n·t·e·n·t·s

c·o·n·t·e·n·t·s

08 남을 알고 나를 아는 힌트

Human Relations

01 외모로 꿰뚫어본다

포인트는 '눈'

우리는 이런 말을 자주 한다. "눈은 입만큼 말을 한다." "눈은 마음의 창이다."

인간이 동물과 다른 점 가운데 가장 으뜸은 말을 한다는 것, 그리고 말로써 '거짓말'을 한다는 점이다.

'달콤한 말로 사람을 현혹시킨다'는 표현도 있거니와, 기업간의 흥정에서도 거짓말은 따라다닌다. 또 전쟁이나 그밖에 국제 분쟁도 대부분은 인간의 거짓말이 원인이 되어 일어나고 있다.

하지만 모든 거짓말이 다 나쁜 것만은 아니다. 사람들은 소설을 읽고 드라마를 보며 감동하고 눈물을 흘린다. 소설이나 드라마의 세계는 말하자면 '아름다운 허구의 세계'이다. 생명이 얼마 남지 않은 환자에게 의사와 가족이 병명이나 진실을 알리지 않는 것도, 성격은 조금 다르지만 환자를 절망에 빠뜨리지 않으려는 배려에서 비롯된 거짓말이다.

이처럼 '거짓말'이 추한 것이라고 싸잡아서 단정지을 수는 없지만,

적어도 '추한 거짓말' 을 간파할 수만 있다면 인간사회의 번잡함이 약간은 줄어들 것임에 틀림없다.

그 사람은 정말 진실을 말하고 있는 걸까?

이것을 간파하는 포인트는 역시 '눈' 이다

아기의 눈은 맑고 아름답다. 아기들에게는 거짓이 없기 때문이다. 물론 어른의 경우 눈이 아름다우면서도 거짓말을 잘하는 사람이 있는가 하면, 눈이 아름답지 않아도 비교적 순수한 사람도 있다. 이것은 영양 상태와 생활환경에 의해 영향을 받기 때문이다.

사람을 만나면 먼저 아기의 눈을 떠올려 비교해볼 일이다. 거기에 '자연스러운 눈빛' 이 얼마나 담겨 있는지를 읽어내는 것이다. 평소에 아기의 눈을 유심히 들여다보았다면 단박에 그 천진난만함과 아름다움을 느꼈을 것이다. 어른도 마찬가지다. 눈을 들여다보라. 그런 빛이 남아 있는 사람인지 아닌지 아주 정확한 판정을 내릴 수 있을 것이다.

일본인들은 대개 다른 사람과 눈을 잘 마주치려 하지 않는다. 그것은 외국인, 특히 유럽인의 공격적이고 대결적인 생활양식과는 많이 다르기 때문인 듯하다 그러니 '도둑은 사람들과 시선을 맞추지 않는다' 는 것은 그저 하는 소리일 뿐이다.

check

일반적으로는 역시 속마음은 어떤 식으로든 겉으로 드러나게 마련이므로 조금만 주의해서 본다면 저절로 알 수 있을 것이다. 다만, 얼굴 표정이나 인상만으로 사람을 판단하는 것은 어려울 수가 있으므로 '그 사람이 풍기는 분위기' 나 '동작과 언어' 등을 유심히 살피는 것도 중요하다.

하지만 사람을 간파하려면 역시 시선을 맞추어보는 것이 필요하다. 그리고 거기에 천진난만함이나 순수함, 자연스러운 눈빛이 살아 있는지를 확인하라. 이것이 사람을 꿰뚫어보는 첫 번째 포인트임에 틀림없다.

건강한 사람은 눈빛이 다르다

늘 희망을 지니고 사는 사람의 눈은 빛난다. 실의에 잠겨 있는 사람의 눈에는 생기가 없다. 눈에는 모름지기 '빛'이 있어야 한다. 눈이 반짝반짝하는 사람은 적극적이고 진취적인 사람이다.

눈에 빛이 없는 사람의 특징을 보자.

타성에 젖어 그럭저럭 살아가는 사람은 눈에 빛이 없다.

수면 부족이나 무절제한 생활로 건강이 좋지 않은 사람도 눈에 빛이 있을 리 없다.

걱정거리나 정신적인 트러블로 고민에 싸여 있는 사람 또한 마찬가지이다.

위에 예에서 알 수 있듯이 눈에 빛이 없는 사람은 하나같이 육체적이든 정신적이든 썩 건강하지 않다는 공통점을 지니고 있다.

다만, 눈에 광채가 있기는 하지만 무언가 개운치 않은 느낌을 받을 때가 있다.

『이솝우화』 등에서 늘 악역으로 등장하는 여우와 늑대의 눈빛이 그렇다. 그 늑대와 여우처럼 틈만 있으면 속일 궁리를 하는 간교한 사람의 눈은 이런 수상쩍은 광채를 발한다.

정신적인 장애가 있는 사람의 눈빛도 심상치 않다. 조울증의 경우에는 흥분 상태에 있을 때, 즉 '조(躁)' 상태일 때에는 눈빛이 예리해지고 반대로 '울(鬱)' 상태일 때에는 눈이 극단적으로 침울한 빛이 된다. 분열증의 경우도 번득이거나 초점 없는 상태로 시선이 고정되지 않는 양극단 현상을 보이는 경우가 많다. 노이로제 환자의 경우는 안정감이 없고 눈동자가 시종 경황없이 움직이거나 혹은 한곳을 응시한 채 꼼짝도 하지 않는다.

세상이 복잡해짐에 따라 정신적 장애를 가진 사람도 늘어나고 있다. 신문의 사회면에는 정신 장애자들이 일으키는 범죄를 다룬 기사가 끊임없이, 점점 더 많이 실린다. 그러나 정신 장애에 대한 일반인들의 이해는 아직 요원한 듯하다.

그 일례로, 노이로제와 정신병을 같이 취급하여 '노이로제가 극도에 이른 것이 정신병'이라고 생각하는 사람이 많이 있는데, 그것은 잘못된 생각이다. 분명히 노이로제와 정신병은 증상이 비슷해 보이고, 문외한에게는 식별하기 어려운 점이 있는 것이 사실이다. 양쪽의 차이는 전문가 사이에서도 이론이 있어 한마디로 잘라 말하기는 어렵지만 일단 다음과 같이 정리할 수는 있다.

즉 남이 보기에는 분명 이상한 사람인데, 정작 본인은 그것을 깨닫지 못하고 자신을 아주 성실하고 착실한 사람이라고 생각하는 것이 정신병이다. 반면에 남이 보기에는 전혀 이상할 것이 없는, 혹은 이상하다고 해도 그다지 대수로울 것이 없는데 본인 혼자 그것을 이상하다고 생각하는 자기함정에 빠져 있는 것이 노이로제이다.

눈이 빛나지 않는 것은 게으르거나 건강하지 못하다는 증거이고, 이상하게 번득이는 것은 정신 장애일 가능성이 크다. 심신이 모두 건강한 사람의 눈은 번득이지 않고 반짝거린다.

웃는 모습으로 성격을 파악한다

아름다운 여성이 매력적인 미소를 짓는다면? 그것만으로도 뭇 남성들은 매료되고 만다. 웃는 얼굴은 무엇과도 바꿀 수 없는 온화함과 정감을 느끼게 하는 것이다.

미소는 여성뿐만 아니라 물론 남성에게도 필요하다. 직업별 전화번호부를 보면 수천 개의 다양한 직업이 있는데, 그중에서 '미소가 필요 없는 직업'은 세 종류밖에 없다고 한다.

첫 번째가 판검사. 엄숙한 법정에서 판결을 내리거나 피고에게 구형을 할 때 미소를 보인다면 꼴이 말이 아니게 된다.

두 번째가 장의사. 장례식 준비를 하거나 장례식을 치르기 위해서 상갓집을 방문한 자리에서 "깊은 애도를 표합니다" 하고 말하고 생긋 웃는다면 큰 실례다.

세 번째가 산부인과 등 하반신을 다루는 의사. 생각만 해도 수치스러운 부위를 드러내놓아야 하는 젊은 여성의 얼굴을 보며 "어디 좀 볼까요" 하고 말하면서 히죽거리고 웃는다면 환자는 줄행랑을 칠 것이다.

이상 세 종류의 직업 이외에는 모두 미소가 필요하다는 말인데 그건 아주 적절한 표현이다. 우리들 주위에 미소가 좀더 많다면 얼마나 사회가 따뜻해질 것인가? 특히 무미건조한 도시 생활에서는 미소를 주고받는 것만으로도 정신적 스트레스가 꽤 완화될 것이다.

그러고 보니 '○○스마일'을 내세워 선거에서 압승한 후보자가 몇 사람 있었다. 그것만으로 남성에게도 미소가 얼마나 중요한지, 얼마나 위력을 발휘하는지 새삼 확인할 수 있었다.

미소는 참으로 좋은 것이지만 모든 미소가 다 진실한 것은 아니다. 미소에도 거짓이 있다는 점을 유념할 필요가 있다. 속 검은 생각을 하면서 얼굴에는 웃음을 띠는 음흉한 사람들도 우리 주변에 제법 있기 때문이다.

하지만 속이 검은 사람의 웃음은 정신만 바짝 차리면 알아볼 수 있으므로 식별하는 게 그리 어렵지만은 않다. 어딘가에 '부자연스러운 그림자'가 있기 때문이다. 예를 들면, 얼굴에 경련이 일어난 것 같은 웃음, 별로 이상하지도 않은 부분에서 크게 웃는 웃음 등은 요주의 대상이다.

스캔들이나 뇌물을 받은 것이 발각난 정치가들의 웃음에는 경련이 일고 있는 듯한 그림자가 보인다. 미국의 카터 전 대통령도 경련이 일어나는 듯한 미소를 짓는데, 이 사람의 경우에는 스캔들이 있어서가 아니라 지병인 치질 때문이라고 한다.

필요 이상으로 크게 웃는 사람은 모든 것을 웃음으로 때우려는 무책임한 구석이 있을지도 모른다. 혹은 자신의 무능을 감추려는 것일

수도 있다.

어쩐지 마음 한쪽이 꺼림칙하게 느껴지는 웃음은 보는 쪽에서 자연스러운 마음을 가지고만 있으면 곧바로 알 수 있다. 그것을 깨닫지 못하는 것은 그 사람에게도 부자연스러운 마음이 있는 경우라고 할 수 있다.

역시 건강하고 자연스러운 미소가 바람직하다.

check

인간의 마음과 몸은 깊은 관계가 있으며, 몸짓이나 얼굴 표정이 비슷한 사람은 기질과 성격상으로도 많은 공통점이 있다.

얼굴 표정만으로는 꿰뚫어볼 수 없다

우리 어렸을 때만 해도 공산당은 뿔이라도 달린 줄로만 알았고, 흉악범은 '소도둑' 처럼 생겼을 것이라는 이미지가 있었듯이, 나쁜 일을 하는 사람은 틀림없이 흉악한 얼굴을 하고 있을 것이라고 생각해왔다. 하지만 요즘에는 그렇지 않은 경우가 많다.

최근에 세상을 떠들썩하게 했던 여러 사건의 범인들은 어디에서나 볼 수 있는 평범하고 점잖게 생긴 얼굴을 한 사람들이었다.

신주쿠 역(新宿驛) 버스 방화범, 나고야(名古屋) 여대생 유괴 살인범, 그밖에 흉악한 범죄사건의 범인, 비행기 추락 사고를 일으킨 기장 등은 언뜻 보기에 점잖고 내성적으로까지 보인다. 금속 방망이로 부모를 살해한 소년 등도 어디에나 있음직한 평범한 고교생으로 보인다.

TV 액션 드라마에 등장하는 흉악범 역의 연기자가 되레 흉악해 보인다고 하면 당사자들에게 실례가 될지도 모르겠지만, 사실 이런 흉악범 역을 맡은 연기자들은 정말 무섭고 포악해 보인다. 하지만 정작은 뭇 사람들의 부러움을 살 정도로 자상한 아버지이니 참 재미있는 일이다.

일견 점잖아 보이는 사람이 뜻밖의 커다란 사건을 일으키는 원인은 무엇일까? 세상이 복잡해지면서 정신적 억압을 발산할 곳이 줄어들고 있다는 점, 혈연이나 지연의 끈이 약해진 도시 생활에서 특히 내성적인 성격의 사람은 고독해지기 쉬운 사회적 배경 등이 크게 작용을 하기 때문일 것이다. 결국 정신적 억압과 고독의 중압을 견디지 못한 '점잖아 보이는 평범한 사람'은 평소의 노여움을 단번에 폭발시키기도 하고, 앞뒤 구별 없이 어느 날 갑자기 비상식적인 행동을 한다.

결론적으로 말한다면, '얼굴 표정만으로는 사람을 꿰뚫어볼 수 없다'는 것이다. 범죄와 사고뿐만 아니라 우리들의 일상생활에서도 보기와는 사뭇 다른 사람이 제법 많음을 상기한다면 수긍이 갈 것이다.

대부분의 사람들은 뚱뚱한 사람은 호방하고 쾌활하며, 마른 사람은 신경질적이라고 생각한다. 하지만 뚱뚱해도 소심하여 늘 노심초사하는 사람도 있고, 마른 사람도 인간적으로는 호쾌한 사람이 얼마나 많은가.

뜻밖의 죽음을 맞은 에리 치에미(江利チエミ, 과음으로 인한 토사물 때문에 기도가 막혀 질식사한 여가수)의 경우도 그렇다. 보기에는 너무나 쾌활하고 어디에도 어두운 그림자가 없어 보였건만, 그녀의 만년은 생각보다 고독하고 외로운 것이었다고 전해지고 있다. 사람에게는 겉으로 드러나지 않는 내면이 있다는 것을 인식하게 해주는 사건이었다.

하지만 일반적으로는 역시 속마음은 어떤 식으로든 겉으로 드러나게 마련이므로 조금만 주의해서 본다면 저절로 알 수 있을 것이다. 다만 얼굴 표정이나 인상만으로 사람을 판단하는 것은 어려울 수가 있으므로 '그 사람이 풍기는 분위기'나 '동작과 언어' 등을 유심히 살피는 것도 중요하다.

지금부터 외모와 동작을 보고 사람을 파악하는 방법을 살펴보자.

낙천적인 사람은 둥근 얼굴이 되기 쉬울까?

앞에서도 언급했듯이, 요즘은 얼굴 표정이나 몸짓으로 인품을 판단하는 것은 아주 어려운 세상이 되었다.

옛날부터 있어온 관상학이나 수상학으로는 사람의 내면까지 꿰뚫어보는 데 한계가 있다. 그렇다고 이와 같은 전승이 전혀 근거가 없는 것은 아니다. 아마 옛날 사람들은 수백 수천 년 동안 전해 내려온 생활의 지혜를 축적하여 사람들의 얼굴 표정이나 몸짓과 인품의 관계를 헤아려보았던 것으로 생각된다. 즉 오늘날의 통계적 방법과는 다르지만 어떠한 수적 근거에 따라 '둥근 얼굴은 외향적이고 성격이 좋다', '각 진 얼굴은 고집이 있다'는 등의 말이 전해져 내려왔을 것이다.

또 의학, 생리학, 해부학, 정신병리학의 입장에서도 체격과 기질, 성격의 관계를 알아보는 실험도 행해져왔다.

그리스 시대에는 히포크라테스에 의해 담즙질 · 점액질 · 다혈질 등의 분류가 행해졌고, 근대에 들어와서는 독일의 정신병리학자 크레치머(Ernst Kretchemer)에 의해 조울증 · 분열증 · 점착질의 분류 등 여러 가지 실험이 행해지고 있다.

이들 분류는 감탄할 정도로 하나의 경향을 가리키고 있고, 때로는 놀라울 정도로 정확하게 기질이나 성격을 맞히는 경우도 있지만 모두 이렇다 할 근거가 없고 가설의 수준을 벗어나지 못하고 있다.

다만 말할 수 있는 것은, 인간의 마음과 몸은 깊은 관계가 있으며, 몸짓이나 얼굴 표정이 비슷한 사람은 기질과 성격상으로도 많은 공통점이 있다는 것이다.

예를 들면 '소화기가 발달되어 있는 사람은 살찌기 쉽다' 는 것은 분명한 사실이다. 소화기가 충분한 운동을 하기 위해서는 이가 튼튼하고, 더욱이 소화액이 충분히 분비되는 것이 필요하다. 그리고 소화액이 정상적으로 분비되려면 자율신경이 균형을 이루어야만 하는 것이다.

반대로, 작은 소리에도 깜짝 놀라고 중요하지도 않은 일에 소심하게 걱정하는 성격의 사람은 항상 신경이 흥분된 상태이다. 즉 교감신경 긴장형인 사람이다. 이런 사람은 소화 흡수가 제대로 이루어지지 않아 살이 찌기 어렵다는 말을 할 수 있을 것이다.

따라서 '둥근 얼굴은 낙천적인 사람' 이 아니라 '낙천적인 사람은 둥근 얼굴이 되기 쉽다' 는 말이다. 마찬가지로 '마른 사람은 신경질적인 성격의 소유자' 가 아니라 '신경질적인 사람은 소화 흡수가 불충분해지기 쉽고 따라서 살이 찌기 힘들다' 는 이론이 성립된다.

최근에는 칼로리가 높은 식품을 많이 먹는데다, 특히 도시인들의 경우는 운동 부족 상태가 점점 더 심화되어가기 때문에 얼굴이 둥근(통통한) 사람이 곧 낙천적인 사람이라고는 할 수 없게 되었다. 게다가 건강에 대한 관심이 높아지면서 건강을 지키기 위해 다양한 노력들이 이루어지고 있는 터라 이런 단순한 공식을 적용하기에는 무리가 있다고 할 수 있다.

머리카락으로 인품을 꿰뚫는다

머리숱의 많고 적음은 꽤 신경이 쓰이는 부분이다. 젊은 사람이 머리숱이 적다면 '대머리' 가 걱정되고, 중년 이후는 머리카락이 가늘어지는 것이 걱정된다. 머리카락을 비롯한 수염 등 체모 변화의 원인은 호르몬과 관계가 있다. 머리카락은 여성 호르몬, 수염은 남성 호르몬의 영향이 크다.

일반적으로 수염이 많은 남성은 '정력적' 이라고 말한다. 머리숱이 적고 벗겨진 사람은 여성 호르몬보다는 남성 호르몬의 분비가 왕성해서 '무슨 일을 해도 피로를 모르는 정력적인 사람' 으로 인식되는 것이리라.

갱년기 이후 머리카락이 빠져 고민하는 여성이 많은 것은 호르몬의 밸런스가 깨지면서 여성 호르몬이 극단적으로 적어지는 탓이라고 생각된다.

어떤 사람이 병원 접수처에서 대머리와 암의 관계에 대한 통계를 내본 결과, 머리가 벗겨진 사람들이 그렇지 않은 사람들보다 암 발생률이 낮았다고 한다. 물론 이것은 공식 통계가 아닌 속설의 영역을 벗어나지 못한다. 하지만 이 이야기를 듣고 내 친구나 지인 등 주위 사람들에게 적용시켜보니 분명 머리가 벗겨진 사람 쪽의 암 발생률이 더 낮았다.

수염이 많은지 적은지, 혹은 나이를 먹어 백발이 되는지의 여부는 분명히 유전적인 요소가 크다. 부친이 대머리일 경우, 그 아들도 젊은 시절부터 머리숱이 적고, 아버지가 백발이면 자식도 백발이 되기 쉽다. 하지만 100퍼센트 다 그렇다고 할 수는 없다. 같은 부모에게서 태어난 형제도 머리가 벗겨진 사람이나 백발이 있는가 하면 그렇지 않은 형제들도 제법 있는 것이다.

멋진 대머리 콘테스트도 있지만, 머리숱이 적은 사람은 일반적으로 지성 피부에 윤기도 있어 건강해 보일 확률이 높다. 다만 동양의학적으로는 다혈질이고 혈압이 높으며 순환기계의 질병이 생길 가능성이 높다고 한다. 생활습관 등으로 보아 암보다 당뇨병이나 뇌졸중이 염려된다.

머리카락은 정신 상태와도 밀접한 관계가 있다. 걱정거리나 두려운 일을 당해 하룻밤 사이에 백발이 된 기록은 드물지 않다. 또 영양 상태가 나빠도 백발이 된다. 최근 들어서는 정신적 스트레스에 의한 원형 탈모 증세를 보이는 사람이 늘어나고 있다. 특히 여성의 사회 진출이 활발해지면서 일부 커리어우먼들의 비밀스러운 고민거리이기도 하다.

요즘에는 대머리를 가리기 위한 수단이 아니라 멋을 위해 가발을 쓰는 경우도 흔하게 볼 수 있는 만큼 예전처럼 머리숱 적은 것을 콤플렉스로 생각하지 않아도 좋게 되었다. 게다가 젊은이들이 갈색이나 흰색으로 염색하는 시대이니 젊은 나이에 백발이 성성하다고 그다지 고민할 필요도 없을 것이다.

머리카락이 사람의 정신 상태와 영양 상태를 반영하는 것은 분명하지만 그것으로 인품을 추측하기는 어렵다. 굳이 말하자면 머리숱이 적은 사람은 '도량이 넓고 밝은 인상'을 주고 백발인 사람은 '까다로운 학자풍의 인상'을 준다고 할 수 있다.

check

미소는 참으로 좋은 것이지만 모든 미소가 다 진실한 것은 아니다. 미소에도 거짓이 있다는 점을 유념할 필요가 있다. 속 검은 생각을 하면서 얼굴에는 웃음을 띠는 음흉한 사람들도 우리 주변에 제법 있기 때문이다. 어쩐지 마음 한쪽이 꺼림칙하게 느껴지는 웃음은 보는 쪽에서 자연스러운 마음을 가지고만 있으면 곧바로 알 수 있다. 그것을 깨닫지 못하는 것은 그 사람에게도 부자연스러운 마음이 있는 경우라고 생각할 수 있다.

혈색으로 건강 상태를 알 수 있다

건강은 모름지기 삶을 영위해나가는 데 있어 가장 기본적인 조건이다. 건강 상태가 좋지 않으면 무기력하고 마음이 약해지며 게을러지는 등 정신까지 손상되기 십상이다.

상대방의 건강 상태를 가늠할 수 있는 일반적인 방법은 우선 얼굴색을 보는 것이다. '얼굴색이 좋지 않아 보이는데 어디 몸이 아픈가?' 이런 판단쯤은 누구나 할 수 있을 것이다.

하지만 얼굴색이 좋지 않아도 비교적 건강한 사람이 있는가 하면 얼굴색은 괜찮아 보이는데도 병이 있는 경우도 있다. 또 선천적으로 얼굴색이 흰 사람은 병약해 보이고 검은 사람은 건강해 보이므로 얼굴색만으로 건강 상태를 가늠하는 것은 무리가 있다.

오히려 얼굴색이 좋지 않은 경우에는 몸의 이상보다 정신적인 고민이 원인인 경우가 많다. 그리고 그것으로 인해 몸에 이상증세가 나타나는 것이 심신증인 것이다.

심신증의 경우, 심장이나 위장의 상태가 이상하게 느껴져 검사를 해보지만 이렇다 할 신체적 이상은 보이지 않는다. 약을 먹어도 일시적으로 증상이 좋아질 뿐 다시 그 증상이 재발된다. 결국 정신적 문제가 해결되지 않는 한 몸의 이상증세도 치유되지 않는다. 물론 얼굴색도 여전히 좋지 않을 것이다.

따라서 얼굴색이 좋지 않은 것으로 신체의 이상을 의심해보는 것도 필요하겠지만 그보다는 정신적인 문제가 있다고 보는 편이 정확하다. 일터에서 대인관계가 원만하지 않거나 가정 문제로 고민하는 사람의 얼굴색을 살펴보라. 대번에 알 수 있을 것이다.

신체의 이상을 살피려면 얼굴색보다 다른 곳을 더 주목해야 한다.

의사의 경우라면 환자를 진찰할 때 잘 살펴보는 곳이 눈꺼풀이다. 눈꺼풀 안쪽은 온몸의 혈액순환 상태를 나타낸다고 한다. 빈혈 기미가 있으면 눈꺼풀 안쪽이 허옇게 된다. 하지만 낯선 사람을 만나서 의사가 검진하듯이 눈꺼풀을 뒤집어볼 수는 없다. 여간 친한 사이가 아니면 이 방법은 사용할 수 없을 것이다.

일반인들이 손쉽게 할 수 있는 방법으로는 손톱이나 손바닥, 입술의 빛깔을 살펴보는 방법 등이 있다.

건강한 사람의 손톱은 연분홍빛이지만 어딘가 고장이 있는 사람의 손톱은 허연빛을 띄고 있다. 손바닥도 마찬가지다. 또 입술 빛깔도 그 사람의 건강 상태를 보여준다. 보통 차가운 물 속에서 오랫동안 수영을 하거나 하면 입술이 보랏빛이 되지만 심장이 나쁜 사람은 평소에도 입술이 보랏빛을 띤다.

몸에 이상이 있으면 정신 건강에도 영향을 끼치지만 거꾸로 마음 상태가 미묘하게 몸에 영향을 미치기도 한다. 다시 말해 몸과 마음은 여러 가지 면에서 연결되고 얽혀 있는 것이다.

건강 상태를 알려면 얼굴색뿐만 아니라 지금까지 말한 손톱, 손바닥, 입술 등 여러 부분을 단서로 하는 것이 더욱 정확한 판단을 내릴 수 있다. 또한 지나치게 얼굴이 붉은 사람은 술에 절어 사는 사람이거나 뇌졸중의 위험이 있으므로 건강하다고 생각할 수 없다.

걸음걸이 표정으로 심신의 상태를 알 수 있다

사람은 누구나 걸음걸이에 표정이 있다. 즉 걸음걸이를 보면 그 사람의 심신 상태를 가장 잘 알 수 있는 것이다.

신바람이 나고 마음이 밝을 때는 걸음걸이도 경쾌하다. 그러나 마음이 가라앉아 있을 때는 자연스럽게 걸음걸이까지 무거워진다.

성급한 사람은 걷는 속도가 빠르다. 또 일반적으로 시골 사람보다 도시 사람이 걷는 속도가 빠르다고 한다. 혼잡한 출퇴근 시간, 조금만 꾸물거리면 사람들에게 치여 제대로 걸을 수가 없다. 주위 사람들과 보조를 맞추지 않으면 안 된다. 도시인의 생활은 그만큼 힘든 것이다. 도시인들의 발걸음이 빠른 것을 에너지의 발로라고 볼 수도 있지만, 아무래도 마음에 여유가 없고 수동적이며 시종 무언가에 쫓기고 있다는 인상을 지울 수 없다.

자신감과 책임감이 넘치는 사람인지, 주위로부터 떼밀리며 정신적인 여유를 잃고 있는 사람인지는 걸음걸이를 유심히 보면 알 수 있다. 바꿔 말하면, 걸음걸이에 리듬감이 있는지를 보면 된다.

자신감이 없는 사람의 걸음걸이는 언뜻 가벼워 보이지만 리듬감이 없다. 더구나 그런 사람은 걸을 때 턱을 내미는 경향이 있다. 마음만 초조했지 발이 앞으로 나가지 않을 때는 턱이 앞으로 나와버리는 것이다. 스태미나가 떨어진 사람도 턱을 내민다고 하니, 이 동작은 몸과 마음에 모두 해당되는 것이다.

심신이 충실한 사람의 걸음걸이는 힘이 넘쳐 바람이 느껴진다. 반대로 몸과 마음에 자신이 없어 안절부절못하는 사람이나 피로한 사람에게서는 그런 것을 느낄 수 없다.

발소리를 죽이며 살금살금 걷는 사람이라면 자신의 존재감이 결여되어 있거나 무언가 마음속에 꺼림칙한 것을 품고 있다고 볼 수 있다. '그림자가 흐린 사람' 이라는 표현이 적절한 유형인 것이다. 머리 회전이 둔한 사람은 동작도 둔하고 걸음걸이도 느릿느릿하다.

일반적으로 일본인의 걸음걸이는 종종걸음이 많고 뒤에서 보면 발바닥이 보이지만, 유럽인의 걸음걸이는 신발의 뒤꿈치를 울리는 걸음걸이여서 뒤에서 발바닥이 보이지 않는다. 일부 학자들은 이런 차이를 일본인이 농경민족이었고 유럽인은 수렵민족이었기 때문이라고 설명하지만, 일본인의 생활이 서구화됨에 따라 이런 현상도 많이 바뀌었다. 단순하게 걸음걸이만 바뀐 것이 아니라 얼굴과 손발의 특징에서도 이와 같은 변화가 보이고 있다. 이에 대해서는 다른 항에서 다시 다루기로 하겠다.

지나친 사치는 콤플렉스의 표현?

모든 것이 풍요로워진 요즘은 옷차림만으로 그 사람의 생활태도와 내면을 간파해내기란 여간 어려운 일이 아니다. 상대방의 참모습을 꿰뚫어보려면 옷차림보다는 오히려 구두나 넥타이핀, 시계 등 소품 등을 보는 편이 훨씬 더 효과적이다. 이런 사소한 것에서 그 사람의 참모습이 더 잘 드러나는 법이기 때문이다.

금전적인 여유가 있는 사람이나 정신적으로 충실한 사람은 그런 소품에 신경을 쓰게 된다. 하지만 지나친 것은 부족함만 못하다는 말이 있다.

평소에 몸에 지니지 못하던 것이 손에 들어오면 그것을 남에게 과시하고 싶어하는 것이 사람의 심리이다. 하지만 진짜 알부자나 정신적으로 풍요로운 사람은 절대로 그렇게 지나친 치장은 하지 않는다.

요컨대, 마음속에 무언가 콤플렉스가 있는 사람은 말이든 옷차림이든 부자연스러운 표현 방법을 취한다는 것이다. 그러므로 필요 이상의 치장은 콤플렉스의 표현이라고 볼 수 있다. 그 사람이 가진 분위기와는 도저히 어울리지 않는 화려한 복장을 하거나, 고급품으로 치장하는 사람은 마음속 어딘가에 열등감을 품고 있는 사람이다.

이런 사람은 말과 태도에서도 어딘가 부자연스러워 보이므로 조금만 주의해서 보면 곧 간파해낼 수 있을 것이다. 예를 들면 학력 콤플렉스를 가지고 있는 사람은 필요 이상으로 어려운 말을 사용하려 한다. 요령 없이 유명 인사 등의 이름을 들먹이며 그 사람들과의 친분관계를 강조하는 사람은 권위와 문벌에 약한 사람이다.

진정한 멋을 아는 사람은 눈에 띄지 않는 곳을 배려한다. 예를 들어 옷에 신경을 쓰는 사람은 겉감보다 안감을 좋은 것을 사용한다. 안감은 남에게 보이지 않지만 남들이 생각하지 못하는 부분에 마음을 써서 진정한 멋을 즐기고 있는 것이다.

check

업무가 아닌 개인적인 친분을 맺고 있는 사람에게 '직함'을 말하고 싶어하는 사람은 '회사인간'으로 권위에 약한 타입이다. 즉 실력에는 자신이 없고 조직의 권위로 상대를 굴복시키려는 심리의 소유자다. 회사인간은 자기보다 윗사람에게는 지극히 약한 공통점을 보인다.

피부의 윤기는 심신의 건강을 나타낸다

우리가 일반적으로 얼굴색을 말할 경우, 색 그 자체보다 윤기를 가리키는 경우가 많다. 앞서 얼굴색만으로 건강 여부를 알 수는 없다고 했지만 넓은 의미의 얼굴색, 즉 피부의 윤기라고 해석하면 이야기는 좀 달라진다.

잠이 부족하거나 무절제한 생활을 하면 곧바로 피부의 윤기가 사라진다. 감기 기운이 있거나 열이 있어 붉어진 얼굴을 보면 모공이 열려 피부 표면이 거칠어져 있는 것을 알 수 있다. 정신적으로 고민이 있거나 의욕이 없는 사람도 피부에 윤기가 없고 특이하게 탁한 피부색을 띠게 된다.

몸과 마음이 충실한 사람의 피부는 매끄럽고 윤기가 있다. 일반적으로 젊은 사람이 나이 많은 사람보다 피부가 좋다. 중년을 넘기면 주름이 늘고 기미 등이 눈에 띄게 되는 것은 누구나 알고 있는 사실이다. 하지만 여기에서 말하는 피부의 윤기는 나이에 의한 피부의 아름다움과는 좀 다르다. 젊어도 심신의 상태가 좋지 않으면 피부의 윤기는 사라진다. 반대로 나이를 먹고 주름이 늘어나도 피부에 생기가 넘치는 사람도 있다.

원래 피부의 윤기는 습도와 온도에 따라서도 영향을 받는다. 추운 겨울에는 모공이 닫혀 체온을 유지하려 하고, 더운 여름에는 체온을 떨어뜨리기 위해 모공이 열려 발한 작용을 하기 때문에 당연히 피부의 윤기에도 변화가 있다.

온도가 높은 곳, 즉 햇볕이 쨍쨍 내리쬐어 항상 자외선에 노출되는 지역에 사는 사람들은 건강해 보일지는 모르지만 피부가 상하기 쉽다. 눈이 많이 오는 곳에 사는 사람들은 햇빛이 잘 들지 않고 습기가 많기 때문에 일반적으로 피부가 매끈하게 하얗다고 한다.

하루 종일 빌딩 안에서 지내는 도시인은 직사광선을 접할 기회가 별로 없고 실내는 늘 건조하기 때문에 피부가 거칠고 윤기도 없다.

이와 같이 기후나 풍토, 생활환경이 피부에 끼치는 영향은 무시할 수 없지만 그래도 역시 피부의 윤기는 심신의 건강을 가장 잘 나타내주는 것임에 틀림없다.

몸이 약한 사람은 약간만 햇빛에 노출되어도 기미가 낀다. 반면에 긍정적이고 활기가 넘치는 사람, 그러니까 마음이 건강한 사람은 햇빛에 그은 피부가 매끄럽고 윤기 있어 보인다.

이외에도 피부의 윤기는 음식의 취향과도 관련이 있다. 기름기가 많은 음식을 좋아하는 사람은 윤기가 있고, 담백한 음식을 좋아하는 사람은 별로 그렇지 못하다.

손의 모양과 크기로 상대방을 알아본다

첫 대면을 할 때 손을 보면 여러 가지를 알 수 있다.

육체노동을 하는 사람의 손은 딱딱하게 굳은살이 있다. 화이트칼라의 손가락은 가늘고 길며, 기계 기술자의 손은 어딘지 모르게 기름기가 배어 있다. 이와 같은 것으로도 수상 전문가는 처음 대하는 사람의 직업과 건강 상태 등을 알 수 있다고 한다.

이미 오래 전의 이야기인데, 어느 수상 전문가가 내 손을 보고는 글을 많이 쓰는 일을 하고, 궁리가 많다는 등 놀라울 정도로 정확하게 맞히었다. 그는 우선 나의 오른손 가운뎃손가락의 굳은살을 보고 그것을 알았다고 한다.

다음은 그 수상 전문가를 통해 알게 된 것이다. 사람을 꿰뚫어보는데 충분히 참고가 될 듯하여 소개한다.

"신체에 비해 손이 작은 사람은 활동적이고, 거꾸로 신체에 비해 손이 큰 사람은 생각이 많다."

어째서 그럴까? 이론적 근거는 빈약하지만 그건 분명하다고 한다.

손이 작은 사람은 기민하게 행동하고 대인관계를 절묘하게 이용하여 젊었을 때부터 세간에서 쉽게 인정을 받는다. 이것은 TV에 등장하는 아이돌 가수 등의 손을 보면 알 수 있는데, 그들은 신체에 비해 대체적으로 손이 작다. 잘 나가는 세일즈맨들도 일반적으로 손이 작은 사람이 많다고 한다. 이에 비해 손이 큰 사람은 젊은 시절의 노력이 중년 이후에 인정을 받는 타입이 많다. 이른바 대기만성형인 것이다.

손이 크고 작은 것은 상대적인 것으로, 일반적으로는 키에 대비해서 하는 말이다. 키가 큰 사람은 그만큼 손도 크다. 손바닥의 가장 긴 곳, 즉 손목에서 가운뎃손가락 끝까지의 길이를 재어보자.

내 경우는 20센티미터이다. '키를 9로 나눈 수치가 표준 손 길이'라고 한다. 내 키는 173센티미터이므로 19.2센티미터가 나의 표준 손 길이다. 내 손 길이가 20센티미터이니 표준 손길이보다 8밀리미터 정도 큰 셈이다. 8밀리미터 정도면 그리 대수롭지 않게 볼 수도 있지만 8밀리미터 작은 손과 비교해보면 분명 크기의 차이를 알 수 있다.

손의 크기는 이렇게 재어보면 확실하지만 언뜻 보기만 해도 쉽게 알 수 있다. 다른 사람과 만났을 때 손을 보고 '큰 손' '작은 손' 하며 판단을 할 수 있을 것이다.

또 솜씨가 뛰어난 사람의 손은 끝이 뭉툭하다. 일반적으로 '가늘고 긴 손이 재주가 있는 손'으로 알고 있지만 실제로는 그 반대다. 손가락이 짧고 가운뎃손가락도 그리 길지 않고 짤막한 손이 손재주가 있는 손이다.

생활환경이 변하면 사람의 본질이 바뀔까?

작은 키에 작은 발, 밋밋한 얼굴, 낮고 펑퍼짐하게 퍼진 코. 이것은 예전 일본인의 신체적 특징이었다. 지금의 일본인도 이중 몇 가지는 해당되고 개중에는 다 맞아떨어지는 사람도 있을 것이다.

하지만 생각해보면, 전후 40여 년이 지나는 동안에 우리의 생활환경은 많이 바뀌었다. '좌식 생활에서 입식 생활로' '이불에서 침대로' '밥과 생선 중심의 식생활에서 빵과 육식 중심으로' 180도로 변한 것이다. 물론 오늘날에도 이불과 밥의 생활이 남아 있기는 하지만, 예전에 비하면 그 모습이 많이 줄어들었다.

생활양식이 변함에 따라 일본인의 체격과 체위도 현저하게 향상되었다. 평균 신장은 최근 20년 동안에 10센티미터 가까이 늘어났고, 롱다리도 눈에 띄게 많아진 것을 실감할 수 있다. 얼굴 모양까지 어딘가 서구화된 듯이 보인다. 옛날에는 주먹코나 얼굴 한복판에 쪼그리고 앉은 것 같은 코가 많았지만 최근에는 콧마루가 오뚝한 사람이 많다.

생활양식의 변화에 따른 영향은 참 대단한 것이다. 일례를 들어보면 똑같은 흑인이라도 아프리카 원주민들과 미국으로 건너간 사람들의 자손은 대단한 차이가 있다. 물론 미국의 흑인은 백인과의 혼혈로 혈통상으로 섞여 있는 점도 크게 관계가 있을 것이다. 하지만 그런 혈통의 문제 이상으로 음식과 언어, 생활양식의 영향은 미국의 흑인을 완전히 미국인으로 만들어버렸다고 할 수 있다.

일본이 서구 문명을 받아들인 지 140여 년, 일본인 역시 외모뿐만 아니라 사고방식도 현저히 달라졌다. 그렇다고 일본인의 본질까지 바뀐 것은 아니다.

정경 유착은 에도 시대의 타누마(田沼) 부자(1700년대 후반의 부자 정치가로 아버지 타누마 오키쓰구田沼意次와 아들 타누마 오키토모田沼意知를 일컬음)의 뇌물정치를 상기하게 하고, 행정 개혁이 조금도 진전되지 않는 것은 마쓰히라 사다노부(松平定信)가 행한 관정(너그러운 정치)의 개혁이 인기가 없었던 것과 일맥상통하는 것으로 생각된다. 어쩌면 미일간의 무역마찰에 대한 정부의 대응을 보면 백수십 년 전의 흑선(黑船, 에도 시대 말기에 쇠로 만들어지거나 검은 칠을 한 서양 배를 가리킴) 소동에서 보였던 막부의 태도와 본질적으로는 별다를 게 없어 보인다.

이런 생각을 해보면 사람의 사고가 외모만큼 쉽게 변하지 않는 것이라는 생각이 든다. 그래서 나는 인간의 본질을 꿰뚫는 일이 중요하다고 말하고 싶다.

이 장에서는 주로 사람의 겉모습을 보고 판단하는 포인트를 짚어봤지만, 외모로 사람을 간파하는 것은 한계가 있다. 다시 말해 진정으로 사람을 꿰뚫어보려면 다음 장 이후에 언급하는 방법이 훨씬 더 정확하다고 할 수 있다. 그러나 사람을 만났을 때의 첫인상이 중요한 것은 변함없는 사실이다. 그것을 제대로 파악하기 위해서 이 장에서 제시한 힌트를 잘 활용하기 바란다.

check

사람을 간파하려면 역시 시선을 맞추어보는 것이 필요하다. 그리고 거기에 천진난만함이나 순수함, 자연스러운 눈빛이 살아 있는지를 확인하라. 이것이 사람을 꿰뚫어보는 첫 번째 포인트이다.

직함에 연연하는 사람은 권위에 약하다

업무가 아닌 개인적인 친분을 맺고 있는 사람에게 '직함' 을 말하고 싶어하는 사람은 '회사인간' 으로 권위에 약한 타입이다. 즉 실력에는 자신이 없고 조직의 권위로 상대를 굴복시키려는 심리의 소유자다. 회사인간은 자기보다 윗사람에게는 지극히 약한 공통점을 보인다. 이런 사람은 회사를 그만둔 뒤에도 모임에 나가면 예전에 사용했던 명함을 내보이려고 한다. 그것도 가장 지위가 높았던 시절의 명함을 사용하는 것이다.

예를 들면 부장에서 강등되어 과장이나 주임이 되었건만 퇴직한 뒤에도 여전히 부장 시절의 명함을 쓰려고 하는 것이다. 이런 사람은 대화 내용도 업무나 회사에 관한 것이 대부분이고 그 외의 이야기는 거의 하지 않는다.

권위에 약한 사람에게 권위의 위력은 절대적이다. 거만하기 이를 데 없는 태도를 보이던 말단 공무원이나 초선 국회의원이 보스의 한 마디에 태도를 순식간에 바꾸어 손바닥 뒤집듯이 자신의 말을 번복하는 경우를 많이 보았을 것이다. 그만큼 자신보다 권위가 높은 사람에게는 꼼짝도 하지 못하는 것이다. 하지만 개중에는 그렇지 않은 사람들도 있다. 표면적으로는 굴복한 것처럼 보이지만 뒤통수를 칠 우려도 있다.

대기업 세일즈맨인 B씨는 한 관공서의 외곽단체에 구매 의사를 타진하고 있었다. 그가 파악한 바로는 담당과장인 C씨는 거만한 타입의 전형으로 권위에는 한없이 약한 위인이었다.

그래서 지인인 본청의 고위 공직자에게 압력을 넣어줄 것을 부탁하였고, 그것으로 상담은 성립된 것이나 다름없다고 희희낙락했다. 그러나 그게 아니었다. 뜻밖에도 담당과장 C씨는 상품의 성능을 문제삼아 계약을 거부해버리는 것이 아닌가.

나중에야 알았지만, 이렇게 상명하달식의 압력에는 철저하게 저항하는 구석이 C씨에게 있다는 것을 간과하고 말았던 것이다.

이처럼 C씨와 같은 부류는 권위에 약한 면이 있는 반면, 일단 화가 나면 철저하게 저항하는 '고집쟁이'가 많다고 한다. 본청 고위 공직자를 운운하며 거들먹거렸던 B씨의 태도에 비위가 상해서 견딜 수가 없었을 것이다.

Human Relations

02 대화로 꿰뚫어본다

10억 엔의 용도를 물어본다

사람을 꿰뚫어보는 데는 대화를 통해서 상대방의 반응을 보는 것이 가장 좋은 방법이다. 하지만 가벼운 대화만으로 상대방의 참모습을 파악하기란 쉬운 일이 아니다. 그렇다고 정색을 하고 질문을 하면 상대방은 철저하게 방어적이 되어버려 좀처럼 속내를 털어놓으려고 하지 않는다. 결국 자연스럽게 얘기를 나누면서 정말 알고 싶은 것을 대수롭지 않은 듯이 질문해서 대답을 유도하는 요령이 필요하다. 2장에선 대화의 포인트가 되는 주요 키워드를 살펴보자.

먼저 "만일 10억 엔이 손에 들어온다면 당신은 어떻게 하겠습니까?" 이런 질문을 해보는 것이다. 이것은 신입사원 면접이나 중견간부를 채용할 때 내가 잘 던지는 질문 중의 하나이다.

이 질문을 하면 상대방은 한순간 어안이 벙벙해진다. 그리고 사람에 따라서는 "그런 큰돈은 저하고는 인연이 없습니다" 하고 대답하는 경우도 적지 않다.

10억 엔이라는 돈에 그다지 큰 의미가 있는 것은 아니다. 어쨌든 10억 엔을 은행에 예치한다고 가정해보자. 정기예금을 들면 연 5퍼센트의 낮은 금리도 따져도 1년에 5천만 엔이 된다. 단 고소득에 대한 누진세율을 적용하면 현행 세법으로는 소득세가 60퍼센트가 된다. 주민세를 합하면 종합과세의 경우 76.6퍼센트, 분리과세라도 51.6퍼센트가 된다. 어느 쪽이든 절반은 세금으로 나가버릴 것은 틀림없다. 그래도 2천만 엔은 남는 것이다. 다시 말해 10억 엔의 은행금리만으로도 우아하게 살 만하다는 것을 의미한다.

이 질문에 대한 대답은 다양하다.

"직장을 그만두고 놀면서 살겠다." "일은 계속하겠다." "반은 저금하고 반은 투자하겠다." "반은 저금하고 반은 노는 데 쓰겠다." "일단 놀고 나서 나중 일을 생각하겠다." "전부 저금하겠다."

이밖에도 많은 대답이 있을 것이다. 물론 정해진 정답은 없다. 그 어떤 답도 틀린 것이라고 할 수 없다. 그렇다면 당신은 어떤 대답을 할 것인가?

하지만 어떤 경우든 생각지도 못했던 돈이 들어왔을 때 그 사람의 본성이 드러나는 것만은 틀림없다. 물론, 이것은 만약이라는 전제가 붙은 질문일 뿐 실제로 돈을 쥔 것이 아니므로 현실적으로 그렇게 되었을 때에는 또 다른 행동을 취할지도 모른다.

check

가정이나 직장에서 의견 대립이 있을 때 당신은 과연 어떻게 대처할 것인가? 이 질문은 그 사람의 인품을 알 수 있는 아주 좋은 질문이다. 사람이 몇 명만 모이면 반드시 의견 차이나 대립이 생긴다. 여기에 어떻게 대처하는지를 보는 것은 그 사람의 사회적 역할과 성격을 알 수 있는 바로미터라고 할 수 있다.

어쨌든 '큰돈이 들어오면 일을 그만두겠다' 는 말을 뒤집어보면, '지금 일을 하는 것은 생활을 위해서 어쩔 수 없이 하고 있다' 는 사고가 강한 사람이라고 할 수 있다. 물론 일은 생활의 양식을 얻기 위한 수단이다. 하지만 그것뿐이라면 너무나 꿈이 없는 사람이다. 그런 사람은 '놀 수 있는 환경' 이 되면 어떻게 해야 좋을지 모르는, 마음이 가난한 사람일 가능성이 크다.

문제의식을 받아들이는 방식으로 간파한다

다음으로 "당신의 문제는 무엇입니까?" 하는 질문을 해본다. 이 문제에 대해서는 크게 세 가지 타입의 답을 예상할 수 있다.

먼저 첫 번째 타입은"글쎄요" 하고 생각에 잠기거나, "아무 문제도 없습니다" 하고 간단하게 결론을 짓는 사람들이다. 이런 타입은 평소에 문제의식을 갖지 못하고 주체성이 결여되어 있다고 할 수 있다.

두 번째 타입은 평소의 불평불만을 털어놓거나 자신의 신변 문제라고 할 수 없는 것을 추상적으로 대답한다. 예를 들면 국가의 흥망성쇠를 논하는 듯한 문제를 제기하는 것이다.

이 두 번째 타입에 공통된 것은 애초에 해결될 만한 일이 아닌 것을 거론하면서 불평을 일삼고 마음속으로는 '그런 문제가 해결될 리가 없지' 하고 생각하고 있다는 점이다.

또 언뜻 논객처럼 보이지만 실제로는 실행력이 없어서 도움이 되지 못하는 사람이라고 볼 수도 있다. 친구를 사귈 때에도 이런 타입의 사람은 조심할 필요가 있다.

세 번째 타입은 포괄적으로 문제를 제시하고 그중에서 문제의 초점을 잡아 구체적인 해결책을 모색하는 자세를 보이는 사람들이다.

당신이 업무상 '의지가 되는 상사' 나 '마음 놓고 일을 맡길 수 있는 아랫사람' 을 얻고 싶은 생각이 있다면 물론 세 번째 타입을 선택해야 한다.

앞의 첫 번째 타입을 다시 살펴보기로 하자.

문제점이 무엇인가 하는 질문을 받고 생각에 빠지는 사람은 그저 흐르는 대로 하루하루를 살아가는 사람일 가능성이 크다. 즉 주체성이 결여된 것이다. 이런 마음가짐을 가진 사람에게 진보와 향상, 개선을 기대할 수는 없는 일이다.

물론 개중에는 주위의 환경 때문에 그런 태도를 취하는 사람도 있을 것이다. 예전에 자신의 생각대로 말했다가 낭패를 당한 사람이라면 솔직하게 말하기를 꺼려할 것이다. 또 자신의 문제점을 제대로 파악하고 있지만 주위를 의식해서 제대로 말을 못할 수도 있다.

그래서 이 질문에 대한 반응은 대답하는 사람 자체를 파악하는 근거가 됨은 물론 그 사람이 처한 환경을 판단하는 재료도 된다.

check

"10년 후의 당신은 어떻게 되어 있겠습니까?" 이 질문은 인생의 베이스캠프를 구축하고 있는지 알아보기 위한 것이다. 베이스캠프는 바로 그 꿈을 이루기 위한 기반이다. 5년 후, 10년 후의 모습이 구체적이면 구체적일수록 좋다. 바꿔 말하자면 베이스캠프 구축 계획이 어느 정도 구체적인지를 파악하는 것이 그 사람의 가능성을 알 수 있는 열쇠다.

자유롭게 말하는 사람이 많지 않은 회사는 보수적이고 권위적이며 인간관계가 원만하지 못한 회사이다. 거꾸로, 사람마다 하고 싶은 말은 다 하는데 아무런 대책도 내놓지 못하는 회사는 의사 통일이 되지 못하고 통솔이 제대로 되지 않는 회사이다. 이는 가정에서도 마찬가지일 것이다.

세 번째 타입과 같은 반응을 보이는 사람이 많은 회사는 활기가 넘치고 장래가 밝은 회사라고 할 수 있다.

당신이라면 어떻게 하겠는가?

앞에서 "당신의 문제는 무엇입니까?" 하는 질문에 두 번째 타입의 대답을 한 사람들, 즉 불평불만을 늘어놓거나 국가의 흥망을 논하는 사람들이 '진짜' 인지 '가짜' 인지를 알고 싶다면 이런 질문을 해보라. "당신이라면 어떻게 하겠습니까?"

예를 들면, 회사에 무언가 불만이 있다고 하자.

"사장은 자질구레한 것만 따지고 중요한 경영에 대한 비전이 없다"는 등의 말을 하는 것이 이런 타입의 전형이다.

"그렇다면 당신이 사장이라면 어떻게 하겠습니까?" 하고 물어보는 것이다.

그 결과, 구체적인 의견과 제안이 나오면 그 사람은 대단한 사람이다. 하지만 말이 궁해서 아무 말도 하지 못한다면 그 사람은 '남이 하는 일에 대한 불평을 그럴듯하게 포장해서 말하는 것에 지나지 않는 사람' 일 뿐이다.

이런 타입이 젊은이들 중에만 있는 것은 아니다. 중년을 지난 관리직이나 노동조합의 대표, 그럴듯한 직함을 걸친 정치가와 회사 중역 중에도 이런 가짜는 수두룩하다. 이런 가짜들은 "그런 것은 경영자가 생각할 일이다. 우리들에게는 아무런 책임이 없다"고 말하는 것이 특징이다. 이 '책임이 없다'는 점이 방심할 수 없는 부분이다. 이런 사람들은 자신의 책임을 타인에게 전가시키고 그것으로 문제가 다 해결되는 것으로 생각한다.

분명한 것은 모든 것을 주위의 책임으로 돌리면 아무것도 할 수 없다는 점이다. 이것은 마치 세일즈맨이 "불경기라서 물건이 팔리지 않는다", "광고를 해주지 않아서 팔지 못하겠다", "타사보다 비싸서 안 팔린다"고 주장하는 것과 똑같다.

비단 비즈니스 세계만의 문제가 아니다. 학생이 "환경이 나빠서 공부가 안 된다"고 말하는 것, 가정주부가 "남편의 직업이 나빠서 행복해지지 않는다"고 불평하는 것도 같은 맥락이다.

지금의 상황에 불만을 갖거나 문제를 지적하는 것은 나쁜 일이 아니다. 아니 "무엇이 문제인지 모르겠다" "문제가 없다"고 하는 것보다는 오히려 나은 일이다.

다만, 주위의 상황이 바뀌지 않으면 해결할 수 없는 문제와 자신의 연구와 노력으로 해결할 수 있는 문제를 정확히 인식하고, 자신의 문제는 스스로 해결하려는 태도를 가지는 것이 중요하다.

꿈으로 추측해본다

요즘 시대를 '꿈이 없는 시대' 라고 한다. 대부분 먹고사는 문제는 걱정이 없지만 어쩐지 마음 한구석에 욕구불만만 쌓여간다. 꿈이 없는 것이다.

"당신의 꿈은 무엇입니까?" 하는 질문에 대답을 못하는 사람은 마음의 젊음을 잃어버린 사람이다. 마음의 젊음은 달력의 나이와는 그다지 상관이 없다.

젊고 의욕적으로 살아가기 위해서는 꿈이 필요하다. 꿈이 없는 사람은 정신적으로 이미 늙어버린 사람이며, 어떤 의미에서는 '위험을 잉태하고 있다' 고 할 수 있다. 그것은 신경증세와 같은 경향, 바꿔 말하면 마음의 병이 되어가고 있거나 이미 병이 되었다는 증거다.

하지만 그런 사람도 어린 시절에는 꿈이 있었을 것이다. "제트기 파일럿이 되겠다", "프로야구 선수가 되겠다", "사업가가 되겠다", "외교관이 되겠다" 하는 그런 커다란 꿈을 가지고 있었음에 틀림없다. 그러던 것이 어른이 되면서 점점 현실을 알게 되고 그 큰 꿈들이

시들어버린 것이리라.

하지만 최근에는 초등학생도 꿈이 없는 아이들이 많다고 한다. 어른들이 꿈이 없다는 것은 어쩔 수 없다고 하더라도 어린이마저 꿈이 없어져버린다면 그것은 참으로 두려운 일이 아닐 수 없다.

"당신의 꿈은 무엇입니까?" 이 질문을 받고 과대망상적인 대답을 하는 사람은 꿈이 없는 사람과는 또 다른 의미에서 위험한 존재이다. 그런 사람들은 타인의 성공을 부러워하고 틈만 있으면 타인을 이용하려고 한다. 성공을 부러워만 할 뿐 자신의 것으로 만들기 위해 노력하지 않는다.

현실에 휘둘려서 꿈을 잃어버린 사람이나, 현실을 잊고 환상만 좇는 사람 모두 충실한 하루하루를 보내는 일은 불가능할 것이다.

인생을 성공적으로 사는 사람은 어떤 사람일까? 사람마다 가치관과 인생관이 다르기 때문에 단정적으로 성공의 정의를 내리는 것은 무리가 있지만 굳이 답을 구한다면, '가치 있는 목표를 세우고 그 목표를 단계적으로 달성하는 사람' 이라고 할 수 있다.

"당신의 꿈은 무엇입니까?" 이 질문에 대한 대답을 통해서 우리는 그 사람이 무엇을 중요하게 생각하고, 어떻게 그것을 실현시켜가고자 하는지를 알 수 있다. 다시 말해 그 사람의 삶과 가치관까지 추측할 단서를 얻을 수 있는 것이다.

의견 대립이 있을 때는 어떻게 할 것인가?

가정이나 직장에서 의견 대립이 있을 때 당신은 과연 어떻게 대처할 것인가?

이 질문은 그 사람의 인품을 알 수 있는 아주 좋은 질문이라고 할 수 있다. 상황에 따른 대처 방법은 사람에 따라 다양하지만 크게는 다음과 같이 분류할 수 있다. 다만 의견 대립이 있을 경우, 그 사람이 당사자인지 제3자인지에 따라서 사정은 다를 것이다. 먼저 전자의 경우에 대해서 생각해보자.

"당신은 당신과 주위 사람의 의견이 다를 경우에는 어떻게 하겠습니까?"

이 질문에 대한 답은 다양하겠지만 다음 네 가지가 대표적이라고 할 수 있다.

- 자신의 의견을 밀어붙인다 | 아주 강인한 사람이다. 주위와 시종 부딪치고 다툼이 끊이지 않을 것이다. 그만큼 신념을 가지고 있다고 할 수 있지만 어쨌든 완고한 편이다.

- 자신의 의견은 억누르고 타인의 의견을 따른다 | 전자와는 정반대로 언제나 수동적이고 조용한 사람이다. 하지만 마음속으로는 항상 개운치 못해한다. 미덥지 못한 사람이라고 생각할 수 있다.
- 납득이 될 때까지 대화를 한다 | 매우 냉철하고 끈기 있는 사람으로 인간관계도 원만하다.
- 경우에 따라 다르다 | 언뜻 상식적인 사람이라고 생각되지만 음흉한 구석이 있고 막연한 성격에 요령부득인 사람이다.

다음으로 당사자가 아닌 제3자일 경우의 태도에 대해서 알아보기로 하자.

질문은 "만약 당신 주위에서 의견 대립이 있다면 당신은 어떻게 하겠습니까?"

이 대답 역시 다양하게 생각할 수 있겠지만, 다음 네 가지로 나눌 수 있다.

- 자신이 믿는 의견을 지지한다 | 단도직입적이고 솔직한 사람이다. 조금 단순하고 단세포적이다. 참견하지 않아도 좋을 것까지

check

"만일 10억 엔이 손에 들어온다면 당신은 어떻게 하겠습니까?" 이런 질문을 해보라. 물론 정해진 정답은 없다. 그 어떤 답도 틀린 것이라고 할 수 없다. 그렇다면 당신은 어떤 대답을 할 것인가? 하지만 어떤 경우든 생각지도 못했던 돈이 들어왔을 때 그 사람의 본성이 드러나는 것만은 틀림없다.

끼어드는 사람으로 보인다.

- 어느 쪽으로도 기울지 않고 방관한다 | 자기중심적이고 보신적인 경향이 있다. 적당 주의여서 형세가 유리한 쪽으로 기우는 사람이다.
- 다소의 풍파가 일어도 철저하게 토론을 시킨다 | 아주 적극적인 사람이다. 사물을 건설적으로 보는 적극적인 자세를 취한다. 다만 그 정도가 지나치면 다툴 일이 아닌 것까지 일일이 들고 나와 침소봉대하는 트러블 메이커가 될 우려가 있다.
- 양쪽을 달랜다 | 일본인 특유의 타입이다. 무슨 일이든 두루뭉술하게 가라앉히려는 사람으로 온화한 성격이라고 해도 좋을 것이다. 그래서 이런 방법은 양쪽에 불만이 남고 문제의 본질이 해결되지 않기 때문에 대립의 불씨가 계속 존재할 우려가 있다. 이런 사람이 그룹의 리더가 되면 겉으로는 온화해도 감정적인 대립이 응어리져 있는 경우가 많다.

사람이 몇 명만 모이면 반드시 의견 차이나 대립이 생긴다. 여기에 어떻게 대처하는지를 보는 것은 그 사람의 사회적 역할과 성격을 알 수 있는 바로미터라고 할 수 있다.

모임에서의 '말'과 '행동'으로 간파한다

회의나 강습회, 파티 등 사람들이 많이 모였을 때 어떤 태도를 취하는지에 따라서도 인품을 알 수 있다.

예를 들면, 강습회장 등에서 가장 먼저 앞자리를 차지하는 사람이 있다. 이런 사람은 아주 적극적인 사람으로 재치 있고 수완이 좋다. 반대로 앞자리 비어 있는데도 뒤쪽에 앉는 사람은 매사에 소극적이고 수동적이다. 일본인은 후자와 같은 타입이 많다. 보통 강습회장 등에서는 뒷좌석부터 차게 된다. 자연히 나중에 온 사람일수록 앞의 좋은 좌석에 앉게 된다는 점도 재미있는 현상이다.

회의나 연회 등에서는 경우에 따라서 자연스럽게 좌석의 순서가 결정되어버리는 경우가 많으므로 인품을 알 수 있는 단서가 되지는 못한다. 이럴 때에는 발언하는 태도로 대체로 예상할 수 있다.

시종일관 한마디도 하지 않다가 지명을 받고서야 겨우 입을 여는 사람이 있다. 이런 사람은 이른바 입이 무거운 사람이다. 그런가 하면 처음부터 끝까지 혼자 떠드는 사람이 있다. 처음에는 모두 그 사람이

하는 말에 귀를 기울이지만 차츰 흥미를 잃어버리고 만다. 그래도 상관하지 않고 계속 떠드는 사람은 자기 과시욕이 강하며, 다른 사람과 협조하지 못하고 타인의 지지도 얻지 못하는 경우가 많다.

파티나 연회 등에는 메인테이블이 정해져 있다. 거기에서 태연히 자리잡고 있는 사람은 자신에 넘치는 사람이다. 반대로 한구석에 조용히 있는 사람은 소심하고 겁쟁이일 가능성이 크다. 그룹에서 혼자 뚝 떨어져 있는 사람도 있는데, 이런 사람은 완고하고 권위주의적인 성격의 소유자이다.

그룹 활동을 할 경우, 항상 그룹과 반대 행동을 취하는 사람도 과시욕이 강하다. 즉 사람들과 다른 특별한 행동을 함으로써 자신을 튀어 보이게 하려는 것이다. 사회 전체적으로 보면 조직 폭력배는 이런 심리가 작용하는 특수한 그룹을 형성하고 있다고 할 수 있다. 폭주족이나 비행 청소년들도 마찬가지인데, 그들에게 공통된 것은 정신적으로 미숙하고 유치하다는 점이다. 이런 부류의 사람들은 반사회적으로 보이지만 외로움을 많이 타는 사람들이기도 하다.

다른 사람들 앞에서 발언할 때 난해한 표현을 하는 사람은 어느 한 구석에 열등감을 가지고 있기 쉽다. 사람을 업신여기는 듯한 태도로

check

목소리의 상태는 그 사람이 처해진 환경과 관계가 깊고, 또 그때그때의 상황에 따라 얼굴 이상으로 풍부한 '표정'을 가지고 있다. 즉 목소리는 언어의 이면에 있는 배경을 미묘하게 반영하고 있으므로 이것을 잘 읽어내면 상대방을 정확하게 파악할 수 있는 실마리를 찾을 수 있다.

남의 말을 듣는 사람도 마찬가지라고 할 수 있다.

머릿속이 정리되어 있지 않은 사람도 발언 내용으로 곧 알아낼 수 있다. 이런 사람은 다른 사람 앞에서 이야기하면서도 자기 자신이 무슨 이야기를 하고 있는지 모르는 경우가 많다. 사고는 확실한데 지나치게 긴장하여 제대로 말을 할 수 없는 사람은 자의식 과잉이거나 완벽주의의 경향이 있다고 보아도 좋을 것이다.

이상과 같이 그룹 안에서 어떤 행동과 발언을 하는가에 따라서 일대일로는 간파하지 못하는 여러 가지 특징을 파악할 수 있다.

'무엇이 즐거운가'로 진심을 알 수 있다

"즐거운 일이 무엇입니까?" 하고 물어보는 것도 그 사람의 일면을 알 수 있는 실마리가 된다.

'혼자 기계를 다루고 있을 때가 가장 즐겁다'고 대답하는 사람이 있다. 평소에 뛰어난 통솔력과 리더십을 발휘하는 경영자나 관리자 중에도 이런 대답을 하는 사람이 있다. 언뜻 보기에 믿음직스러운 리더로 평소에는 사교적이지만, 그 사람의 속내는 사람을 상대하는 것보다 물건을 상대하는 것을 편안해하는 의외의 일면을 가지고 있는 것이다. 즉 평소의 모습은 처해 있는 위치에서 노력하고 있는 '표면상으로 드러내놓은 모습'인 것이다.

'누군가와 이야기를 하고 있을 때가 가장 즐겁다'고 대답하는 사람은 철저한 사교가이다. 이런 사람은 영업이 적성에 맞고 사무적인 일에는 서툴다.

'쇼핑할 때가 가장 즐겁다'고 대답하는 사람은 명랑하고 호기심이 왕성한 사람이다.

'동물과 함께 있을 때가 가장 좋다' 고 대답하는 사람은 일반적으로 사람을 불신하거나 소외감을 가지고 있다고 볼 수 있다.

'도대체 즐거울 일이 없다' 고 대답하는 사람은 걱정이 많고 비관적인 사고를 가지고 있는 사람이다. 이런 사람과 이야기를 계속한다면 한탄과 불만이 섞인 볼멘소리를 들어야 할 것이다. 정신적으로 그다지 건강한 사람이라고 할 수 없지만 한탄을 할 때는 그나마 나은 편이다. 그때만큼은 '한탄하기' 를 즐기고 있기 때문이다.

가장 건전하지 못한 것은 즐겁지도 슬프지도 않은, 즉 '무감동' 한 사람이다. 이런 부류의 사람은 요주의 인물이라고 할 수 있다.

회사든 학교든 늘 트집을 잡고 불평불만을 일삼는 사람이 있게 마련이고, 주위 사람들은 그에게 따가운 시선을 보낸다. 그리고 아무 말도 하지 않고 반응을 보이지 않는 사람을 '순진하다' 고 생각한다. 정말 순진하면 다행이지만 여기에서 말하는 '무감동' 한 타입이라면 교육 전문가도 힘겨워할 정도로 심각한 문제를 갖고 있는 사람이다.

check

사람의 내면은 이야기를 듣는 태도에서도 드러난다. 성의가 없는 사람은 아무리 미사여구를 섞어 이야기를 해도 상대방의 마음을 울리지 못하며, 상대방의 이야기를 듣는 태도에도 성의가 없다. 그러니 이야기를 나눌 때에는 상대방의 태도에 주목하라.

10년 후의 당신은 어떤 모습일까?

"10년 후의 당신은 어떻게 되어 있겠습니까?" 하고 물었을 때, 즐겁게 이런저런 이야기를 하는 사람은 로맨틱한 사람이다.

"10년 후? 아, 10년이 지나면 아이가 대학을 가겠군요. 그 무렵이면 아내도 한가해질 테니 뭔가 해볼 수도 있을 테고……. 그건 그렇고 어지간히 나이 들고 푹 퍼진 아줌마가 되어 있겠구먼……. 하하."

이와 같이 좋은 면과 나쁜 면의 장래에 대해 그림이 그려지는 사람은 행복한 사람이다.

"10년 후? 그걸 어떻게 알겠어요? 오늘 하루도 어떻게 살아야 할지 정신이 없는데" 하는 반응을 보이는 사람은 현실적인 사고방식을 가지고 있지만 꿈이 없다.

꿈이 없는 사람은 언제나 현실 생활에 휘둘리고 마음에 여유가 없다. 견실하지만 크게 성장할 가능성은 희박한 것이다.

어느 누구도 자신의 미래를 확실하게 알 수는 없다. 또 여러 가지 계획을 세우지만 그대로 실행되기는 힘들다.

하지만 꿈을 이루어가는 사람은 반드시 가까운 장래에 대한 전망을 분명하게 가지고 있다. 5년 후, 10년 후의 계획을 구체적으로 그리고 있는 것이다. 사람이 하는 일이므로 계획대로 되지 않을 수도 있다. 하지만 5년 후나 10년 후의 계획을 구체적으로 그리면 그릴수록 그 실현 가능성은 크다. 아니 오히려 계획을 상회하는 성장을 이룰 가능성이 크다.

나는 이런 가까운 장래의 계획을 '베이스캠프'라고 부른다. 산악인은 높은 산에 오르기 위해 반드시 베이스캠프를 구축한다. 아무런 준비 없이 가벼운 장비로 높은 산에 오르다가는 실패는 떼논 당상이다.

자신이 어떤 산에 오르고 싶은지를 모르고서는 애초부터 산에 오를 수 없는 것이다. 아무리 높은 이상을 품고 달콤한 꿈을 꾼다 해도 기반이 없으면 실현 불가능하다. 팔짱을 낀 채 산을 올려다보며 시간만 보내다 꿈이 시들어버리고 말 것이다.

그러니까 "10년 후의 당신은 어떻게 되어 있겠습니까?" 하는 질문은 인생의 베이스캠프를 구축하고 있는지 알아보기 위한 것이다.

사람을 이해하고 파악하려면 그 사람에게 꿈이 있는지를 알아보는 것이 키포인트다. 인간으로서 잘 성장할지의 여부는 꿈이 있는지 없는지에 달려 있다고 해도 과언이 아니다.

베이스캠프는 바로 그 꿈을 이루기 위한 기반이다. 5년 후, 10년 후의 모습이 구체적이면 구체적일수록 좋다. 바꿔 말하자면 베이스캠프 구축 계획이 어느 정도 구체적인지를 파악하는 것이 그 사람의 가능성을 알 수 있는 열쇠다.

이야기를 듣는 태도가 그 사람을 말한다

사람의 내면은 이야기를 듣는 태도에서도 드러난다. 성의가 없는 사람은 아무리 미사여구를 섞어 이야기를 해도 상대방의 마음을 울리지 못하며, 상대방의 이야기를 듣는 태도에도 성의가 없다. 그러니 이야기를 나눌 때에는 상대방의 태도에 주목하라.

먼저 이야기를 들을 때의 '자세'를 본다. 약간 앞으로 구부린 자세로 몸을 앞으로 내민 경우는 상대방이 이쪽의 이야기에 관심을 가지고 있다는 증거다. 하지만 몸을 뒤로 젖히고 있는 경우에는 그다지 관심이 없거나 틈을 보이지 않으려고 방어자세를 취하고 있는 것이다.

상대방이 이야기를 하고 있는 동안에 시선이 다른 곳으로 가 있는 사람은 주의력이 산만하여 실수를 하기 쉽다. 이런 사람은 겉으로는 좋은 표정을 짓고 있지만 실제로는 상대방을 얕보고 있거나 마음속으로는 다른 생각을 하는 경우가 많다.

눈을 가늘게 뜨거나 감고 이야기를 듣고 있는 사람은 신중한 것처럼 보이지만 그다지 도움은 되지 못한다. 이런 사람은 겉치레를 중시한다. 즉 자신을 사고가 깊은 사람처럼 보이게 하려는 제스처인 경우가 많다.

일반적으로 자세가 나쁜 사람은 건강에 문제가 있거나 조급하고 정서가 불안한 사람일 확률이 높다.

흠흠거리며 적당히 받아넘기는 맞장구를 치는 사람은 거드름을 피우는 사람이다. 또 성의가 없는 사람이기도 하다.

이야기를 들을 때뿐만 아니라 자신이 이야기하고서도 몇 번이고 끄덕여 보이는 사람이 있다. 이런 사람은 늘 자신에 넘치지만 고집스럽고 자신의 의견을 상대방에게도 강요하려는 성향이 있다. 이런 사람이 상대방의 이야기를 들으면서 자주 고개를 끄덕이는 것은 절대로 납득해서가 아니므로 나중에 엉뚱한 오해를 하게 될 수도 있다.

거들먹거리는 자세로 이야기를 듣는 사람은 마음도 그렇다. 어떻게든 자신을 인정받으려는 자의식이 강한 사람이다.

필요 이상으로 크게 맞장구를 치는 사람은 친절해 보이기는 하지만 실제로는 아무것도 할 수 없는 무능력한 사람이거나 마음이 차가운 사람이다. "흠, 그것 참 안됐군요" 따위의 말을 하면서 진심으로는 별로 안됐다고 생각하지 않으며, 아무런 도움도 안 되는 부류이다.

check

"당신의 문제는 무엇입니까?" 이런 질문을 해보라. 이 질문에 포괄적으로 문제를 제시하고 그중에서 문제의 초점을 잡아 구체적인 해결책을 모색하는 자세를 보이는 사람이라면 합격이다. 이 같은 반응을 보이는 사람이 많은 회사는 활기가 넘치고 장래가 밝은 회사라고 할 수 있다.

진정으로 성의 있게 이야기를 들어주는 사람은 자신의 머릿속으로 이야기를 정리하여 상대방에게 말을 건네는 사람이다. "그러니까 이런 말씀이시죠?" 같은 맞장구를 치는 사람은 이야기를 가슴으로 듣고 상대방에 대한 이해를 깊게 하려는 사람이다.

당신의 듣는 자세는 어떤지 한번 생각해보라. 자신의 마음과 태도에 견주어서 다른 사람의 듣는 자세를 눈여겨본다면 상대방의 마음 또한 읽어낼 수 있다.

음담패설을 좋아하는 사람은 호색한?

"어떤 이야기에 흥미를 가지고 있습니까?" 이 질문은 사람을 파악하는 아주 좋은 단서가 된다.

어디 사는 누가 얼마를 벌었다거나 돈에 관한 이야기가 나오면 눈빛이 달라지는 사람은 당연히 금전욕이 강한 사람이다.

남의 소문, 특히 회사의 인사문제는 샐러리맨이라면 누구나 관심을 가지고 있지만, 자신이 몸담고 있는 회사뿐만 아니라 남의 회사 인사문제까지 지나친 흥미를 나타내는 사람은 정실에 약한 사람으로 분류가 가능하다. 물론 거래처의 이러한 비공식적인 인사 정보는 상담을 진행하는 데 필요한 점에는 틀림없지만 지나치게 정실에만 의존하는 것은 생각해볼 문제다.

한편, 남자라면 일반적으로 음담패설에 흥미를 갖게 마련이다. 그렇다고 음담패설을 좋아하는 남성을 꼭 호색한이라고만 단정 지을 수는 없다. 오히려 그런 이야기에 끼어들지 않고 무관심한 척하는 남성들은 아무도 없는 곳에서 몰래 정사를 즐기는, 그야말로 '말보다 실천을 앞세우는 행동파' 일 가능성이 높다. 어딘가 꺼림칙한 구석이 있기 때문에 이런 이야기에 별로 관심을 보이지 않는 경향이 있는 것이다. 그러므로 당당하게 음담패설을 하는 사람은 말뿐일 뿐 실제로는 성실한 스타일이라고 볼 수 있다. 그렇다고 '음담패설을 즐기는 사람은 곧 성실한 사람' 이라는 공식이 성립된다는 것은 아니다. 그것도 정도 문제인 것이다.

기회만 있으면 시시한 농담이나 노는 이야기만 하는 사람도 주의 대상이다. 이런 사람은 자신이 풍류를 아는 사람이라고 생각할지 모르지만 시야가 좁은 사람에 불과하다.

이와 반대로, 한숨 돌리고 잠시 쉬는 시간에도 일 이야기만 하는 사람도 정작 일을 잘하는 사람이라고는 할 수 없다. 일하는 시간과 쉬는 시간의 선을 그어 다른 사람을 싫증나게 하지 않는 사람이야말로 진정으로 일을 잘하는 사람이다.

어떤 화제에도 흥미를 갖지 못하는 사람은 정신적으로 피로해 있고 노이로제 기운이 있는 사람이다.

모든 이야기를 얼버무리거나 비웃는 듯한 반응을 보이는 사람은 협조성이 결여되어 있어 트러블을 일으키기가 쉽다.

엉뚱한 대답을 하는 사람은 이해력이 부족하여 무슨 일을 시켜도 그다지 성장을 기대할 수 없다.

이야기에 열중하느라 주제에서 자꾸 탈선하는 사람은 정열적이고 의욕은 넘치지만 약간 경박하다고 할 수 있다.

하나의 화제를 긍정적으로 가져가는 사람은 낙천적인 성격과 밝고 건설적인 사고를 가지고 있는 사람이다.

반대로 어떤 화제든 어두운 부분만 보려 하고 자꾸 부정적인 방향으로 몰아가는 사람은 비관적이고 음침한 사고를 가지고 있어 대화하는 분위기까지 어둡게 만든다.

자신과 아무런 관계가 없는 이야기까지 참견을 하고 자신이 화제의 중심이 되지 않으면 견디지 못해하는 사람은 이기적이고 자기중심적인 사람이다.

이와 같이 어떤 화제에 흥미를 나타내는지에 따라서도 자연스레 인품이 드러난다.

그럴싸한 이야기를 간파하는 열쇠

시원스런 말솜씨에 미덥게 이야기를 하는 사람 중에는 허풍쟁이 타입도 있으므로 주의해야 한다.

처음부터 거짓말인 것을 알 수 있는 '큰 거짓말'은 그래도 낫다. 가장 곤란한 것은 그럴싸한 거짓말이다. 이런 부류의 거짓말은 대의명분을 분명히 하는 점이 그 특징이다.

그 전형적인 예가 '국가를 위해서'라는 협박성 이야기이다. 지금은 이런 이야기를 신용하는 사람이 별로 없지만, 세계대전 전의 일본을 잘못된 방향으로 이끌어가던 지도자들은 모두 이런 협박조의 말을 썼던 것이다. 덕택에 대부분의 일본인이 속아넘어가 말도 안 되는 전쟁에 끌려 들어갔던 것이다. 진정으로 국가를 위한 생각이었다면 구원도 있겠지만, 당시 그런 말을 했던 인간들만큼은 사람의 생명으로 자기 배를 불린 자들이다.

지금 많이 쓰이고 있는 말들은 '평화를 위하여', '모두의 행복을 위하여', '공통의 이익을 위하여', '밝은 사회를 만들기 위하여', '성심성의', '분골쇄신', '사회정의를 위하여' 등이다.

어쩐지 정치가가 선거 유세 때 잘 쓰는 말처럼 보이지만 우리 주변에서도 이런 말을 사용하여 많은 사람의 지지를 받는 경우가 드물지 않다.

이렇게 듣기 좋은 이야기가 진실이라면 이보다 바람직한 일이 없겠지만, 조금만 주의를 게을리 하면 말만 번지르르한 가짜에게 속아 넘어가고 만다. 따라서 그 사람의 말이 진짜인지를 꿰뚫어보려면 이야기의 내용에 구체성이 있는지 파악하는 것이 중요하다.

'공통의 이익을 위하여' 라는 말을 예로 들어보자. 이 말의 진실 여부를 알기 위해서는 그 사람이 목표를 달성하기 위하여 '누가 언제까지 어떠한 방법으로' 실현할 것인지, 즉 목표를 이루기 위한 구체적인 계획을 갖고 있는지 확인해보는 것이다.

스케일이 큰 이야기, 그럴싸한 이야기, 아름다운 이야기, 지당한 이야기, 좋은 이야기, 이런 것들이 '말' 뿐이라면 그림의 떡이다.

상대방에게 질문을 할 기회가 있다면 적극적으로 질문하여 이야기의 구체성을 확인해보도록 하라. 거기에 그 그럴싸한 이야기가 진짜인지를 꿰뚫어볼 수 있는 열쇠가 있다.

'목소리 표정'으로 마음을 읽는다

사람의 심리 상태는 목소리에서도 드러난다. 목소리는 사람에 따라 퍽 다양하다. 높은 목소리, 낮은 목소리, 청아하고 맑은 목소리, 탁하고 잠긴 목소리 등 여러 가지 목소리가 있다. 사람의 마음을 읽기 위해서는 먼저 '목소리 표정'을 파악하는 것이 중요하다.

같은 사람의 목소리라도 몸의 상태가 좋거나 자신감에 넘칠 때는 그 목소리가 야무지고 힘차다. 흥분했을 때 목소리가 떨린다는 것은 누구나 잘 알고 있는 사실이다. 감기에 걸렸거나 목을 혹사시켰을 때 목소리가 쉬는 것처럼, 목소리를 내기 어려울 때는 어딘가 정상이 아니라고 보아야 한다.

"좋습니다. 해봅시다."

얼굴에는 웃음을 머금고 입으로는 동의하는 듯한 말을 하지만, 내심 내키지 않을 때의 목소리는 가라앉아 있다.

"예, 잘 알겠습니다." 무슨 일로 꾸지람을 들었을 때 이렇게 대답을 하면서도 진정으로 납득하지 못할 때의 목소리는 무겁고 불만에 차 있다.

흥분한 목소리, 날카로운 목소리는 정서불안의 증거다. 신경이 흥분되고 교감신경이 긴장하고 있는 것이다. 반대로 낮은 목소리, 묵직한 목소리는 부교감신경의 활동이 강한 경우로, 냉정하고 안정되어 있어도 정열적이지 못하고 동작도 둔하며, 일단 말을 꺼내면 어떤 수단을 다 써도 요지부동인 완고함도 가지고 있다.

굵고 탁한 목소리를 가진 사람은 솔직하고 정력적이지만 치밀하지 못하고 무신경하다. 자신은 배려를 한다고 해도 모르는 사이에 남에게 상처를 입히는 경향이 있다.

간드러진 목소리를 내는 사람은 일반적으로 겉치레를 중요시하고 알맹이가 부족하여 사고방식도 경박한 경우가 많다.

휘감기듯 끈적거리는 말씨를 쓰는 사람은 목소리까지 끈끈하고 성격도 집요한 면이 있다.

목소리가 큰 사람은 폐활량도 크고 특히 호흡기 계통이 튼튼한 사람이다. 단 목소리가 큰 사람 중에는 귀가 좋지 못한 사람이 있으므로, 이 경우에는 몸이 튼튼한 것과 그다지 관계가 없다.

목소리가 작은 사람은 여러 곳을 돌아다니며 책모를 꾸미는 등 방심할 수 없는 사람이거나 폐결핵 등에 걸리기 쉬운 사람으로, 심신의 어딘가에 고장이 있는 경우가 많다.

부자간이나 형제간의 목소리를 들어보면 신기하게도 너무 비슷하다. 이것은 유전적 · 체질적인 원인도 있지만 늘 같은 목소리를 듣다 보면 모르는 사이에 음색을 모방하게 되기 때문이라고 한다. 이것은 타인끼리도 마찬가지이다. 같은 직장에서 오랫동안 함께 근무하다 보면 친하게 지내는 동료의 목소리와 어딘지 모르게 닮아가는 것이다.

이처럼 목소리의 상태는 그 사람이 처해진 환경과 관계가 깊고, 또 그때그때의 상황에 따라 얼굴 이상으로 풍부한 '표정'을 가지고 있다. 즉 목소리는 언어의 이면에 있는 배경을 미묘하게 반영하고 있으므로 이것을 잘 읽어내면 상대방을 정확하게 파악할 수 있는 실마리를 찾을 수 있을 것이다.

check

"당신의 꿈은 무엇입니까?" 하는 질문에 대답을 못하는 사람은 마음의 젊음을 잃어버린 사람이다. 마음의 젊음은 달력의 나이와는 그다지 상관이 없다. 이 질문에 대한 대답을 통해서 우리는 그 사람이 무엇을 중요하게 생각하고, 어떻게 그것을 실현시켜가고자 하는지를 알 수 있다.

Human Relations

03

업무 처리 방식으로 꿰뚫어본다

업무 처리 방식으로 알 수 있는 핫 타입과 쿨 타입

사람을 꿰뚫어보는 단서는 외모(제1장)와 대화(제2장)에도 있지만, 가장 정확하게 알려면 일을 시켜보는 것이다.

3장에서는 직장에서 사람들 각자의 성격과 능력을 꿰뚫어보고 그것을 잘 활용하여 더욱 좋은 인간관계를 유지하기 위해 '눈여겨보아야 할 곳'을 연구해보기로 하겠다.

우선 '업무에 대한 대처법'에 대해 훑어보기로 하자.

당신의 직장에도 핫 타입과 쿨 타입이 있을 것이다.

핫 타입은 늘 열을 뿜으며 이야기를 한다. 물론 일을 할 때도 마찬가지이다. 또한 감정의 기복이 심하여 기분이 좋은지 나쁜지는 보기만 해도 곧 알 수 있다. 이런 사람들은 업무 성과가 좋지만 가벼운 면이 있어서 때때로 엉뚱한 실수도 한다. 우울할 때에는 업무 성과가 눈에 띄게 나빠진다.

이에 비해 쿨 타입은 항상 냉정하고, 나서서 이야기를 하는 경우가 적기 때문에 도대체 무슨 생각을 하고 있는지 알 수 없는 구석도 있다. 하지만 그중에는 때때로 분노를 폭발시키는 사람도 있다. 평소에는 자신을 억누르고 표현을 하지 않기 때문에 점잖게 보이지만 고민거리가 많거나 항상 문제를 마음속에 안고 있다.

핫 타입에도 두 종류가 있다. 곧잘 화를 내며 여기저기에서 부딪치는 사람과, 업무처리에는 정열적이지만 판단은 냉정하여 여간해서는 감정적이 되지 않는 사람이 있을 것이다.

이상을 정리해보면 다음 네 종류를 생각할 수 있다.

- 핫 타입으로 감정적이다(정서불안정, 외향성).
- 핫 타입이면서 비교적 냉정하다(정서안정, 외향성).
- 쿨 타입으로 침착하다(정서안정, 내향성).
- 쿨 타입이면서 골똘히 생각하며, 때때로 화를 폭발시키기도 한다(정서불안정, 내향성).

어떤 타입이 바람직하다고 말할 수는 없다. 업무에 따라서 그 특기와 장점을 잘 살리면 되는 것이다. 새로운 분야를 개척하는 업무에는 외향성, 결정된 룰을 정확하게 지켜가야 하는 업무에는 내향성이 적합하다.

이와 같이 사람과 업무를 정리하여 바라보면 전혀 새로운 점을 발견할 수 있게 된다.

업무 속도로 꿰뚫어볼 수 있는 적성

업무를 통하여 사람을 파악할 수 있는 또 하나의 포인트는 업무를 처리하는 속도이다.

똑같은 업무도 아주 빠르게 해내는 사람이 있는가 하면 여간해서는 제때에 처리해내지 못하는 사람도 있다. 물론 업무 속도는 습관과도 관계가 있다. 누구나 익숙한 일은 빨리 처리하지만 아직 익숙지 않은 일은 아무래도 시간이 걸린다.

사람을 파악할 목적이라면 간단한 계산 업무라든지 장부를 옮겨적는 업무를 선택하는 것이 좋다.

성격 검사에서 쓰이는 '크레페린 검사(독일의 정신병리학자 크레페린이 정신병자의 작업 장애에 관한 연구 실험에서 사용한 '연속가산작업'에 의한 검사 방법)'가 그 전형적인 예이다. 이 검사는 단순하게 한 단위의 덧셈을 1분 단위로 연속적으로 해서 완성시킨 결과를 보고 성격을 파악하는 것이다.

사람을 파악하기 위한 업무이지만 작업 개시 당초의 속도는 연습 정도와 작업 경험의 유무에 따라 다르다.

일반적으로 처음의 작업량이 많은 타입은 적극적이고 외형적이며, 이해력이 좋고 납득하는 속도가 빠르다. 순발력이 뛰어나고 잘 떠들며, 대인적 직업 성향이 있는 등의 특징을 가진 사람이 많다.

반대로 처음의 작업량이 적은 타입은 소극적이고 내향적이며, 이해가 느리고 재치가 없다. 잘 우울해지고 신중한 성격으로 기술 연구직에 어울리는 등의 특징을 가진 사람들이 많다.

일반적으로는 습관에 따라 작업량이 서서히 늘어나지만, 생리적 피로도 더해지기 때문에 작업 곡선은 다양한 변화를 보인다. 끈질기고 의지가 강한 사람은 생리적 피로를 극복하여 작업량을 많은 수준까지 상승시킨다. 이에 비해 쉬 피로해지는 사람은 처음부터 하향 일변도가 된다고 한다.

처음의 작업량이 적었음에도 회를 거듭함에 따라 하강하는 타입은 계산에 서툴러 곧바로 싫증을 내는 사람이다.

작업 곡선이 일시적으로 부자연스럽게 격심한 변화를 보이는 사람은 화를 잘 내고 변덕이 심한 특징을 보이는데, 성격 이상이나 약물 중독, 분열 경향 등 병적 징후를 나타내는 경우도 있다고 한다.

check

실패나 실수를 하지 않는 사람은 없다. 그 누구라도 살아가면서 작은 실수는 하게 마련이고, 인간은 그것을 참고 견디면서 성장해나가는 것이다. 작은 실수를 두려워하는 사람은 크게 성장할 수 없다. 실패나 실수에도 좌절하지 않고 무슨 일이든 이루어내려는 기백이 있어야만 진보할 수 있는 것이다.

이와 같이 굳이 크레페린 검사를 하지 않아도 직장에 넘쳐나는 단순 작업을 시켜보는 것만으로도 그 사람의 성격과 능력을 대체로 알아볼 수 있다.

실제 업무에서는 빠르지 않으면 안 되는 일(회의 자료 등은 회의 때까지 맞추지 않으면 의미가 없다)이나, 정확하지 않으면 의미가 없는 일(전표 작성이나 정밀 기계의 제작)이 있다. 빠르고 정확하며 정성을 다하지 않으면 안 되는 경우도 있다. 이처럼 업무에 따른 습득 정도와 적성이 요구되는 곳을 적절하게 찾으면 좋을 것이다.

'정확도'도 사람을 파악하는 단서가 된다

업무의 진행 속도와 함께 사람을 파악할 수 있는 단서로 가장 긴밀한 요소는 '정확도'이다. 앞에서 소개한 크레페린 검사는 업무량뿐 아니라 정확도에 대해서도 체크한다.

정확도라는 것은 계산이 올바르게 되어 있는지, 글씨를 잘 쓰는지, 글씨체가 차분한지 엉망인지 등을 포함하고 있다.

일반적으로 속도와 정확도를 상반되는 요소라고 생각할 수 있겠지만, 실제로는 꼭 그렇지도 않다는 결과가 나와 있다. 크레페린 검사의 데이터에 의하면 '작업이 느린 사람일수록 실수가 많다'고 한다. 다만 이것도 개인차가 있어서, 빠른데 조잡하고 실수가 많은 사람이 있는가 하면, 느리지만 주의 깊고 정확한 사람도 있다.

전자와 같은 타입은 졸속형이라고 하는데 성격은 밝고 행동적이지만 엉성하고 무신경한, 바람직한 면과 그렇지 못한 면이 분명하게 드러난다.

후자와 같은 타입은 정확도를 요하는 업무를 담당하면 충분히 힘을 발휘한다. 단 아주 급하게 처리해야 하는 업무는 맞지 않는다. 무리해서 서두르게 하면 정신적인 압박을 받아 노이로제 증상을 보일 우려가 있다. 위험을 동반하는 작업이나 일정한 정도 이상의 정밀도를 요하는 업무에서 이 타입은 위력을 발휘한다.

한편 처음에는 느리지만 익숙해지면서 서서히 능률이 올라 마침내는 졸속형이 따를 수 없을 정도로 빠르고 정확하게 업무를 처리하는 사람들도 있다. 이런 타입은 신중하면서도 완고한 기술자 중에서 많이 볼 수 있다. 이런 점을 꿰뚫어보고 장점을 살릴 수 있는 업무를 맡긴다면 막강한 힘을 발휘할 것이다. 졸속형이 행한 업무를 체크하는 것과 같은 검사 등의 업무를 담당하도록 하는 것도 생각할 수 있다.

문제는 '느리면서도 실수가 많은 타입'이다. 이런 사람들은 지능, 계산 능력, 판단력, 이해력 등이 전반적으로 떨어지고 심신 어딘가에 결함이 있는 경우가 많으므로 아예 채용시험에서 불합격시키는 편이 낫다. 하지만 이미 채용했다면 업무를 가려서 주고 주의 깊게 관찰하며 지시하는 요령이 필요하다.

업무를 정확하게 처리한다는 것은 어떠한 분야에서나 활약할 수 있는 소질이 있다고 보아도 좋다. 다만 정확해도 느린 사람은 앞에서 기술했듯이 여러 가지 제약도 있으므로 어떻게 다루어야 할지를 염두에 두고 적성을 판단해야만 한다. 아울러 처음에는 느려도 익숙해지면 처리 속도가 빨라지는지 아니면 여전히 늦는지를 정확하게 파악하는 것도 중요하다.

업무로 식별되는 '귀납인간'과 '연역인간'

무언가 일을 하고 있을 때 또 다른 업무를 부탁하면 거절도 못하고 어떻게 해야 할지 몰라서 당황하는 사람이 있다. 그런가 하면 "그렇게 한꺼번에 다 할 수는 없습니다" 하고 냉정하게 거절하는 사람도 있다.

일에 몰두하고 있을 때 사고를 중단시키면 업무의 능률이 떨어진다. 하지만 개중에는 일을 하는 도중에 다른 일이 들어와도 그다지 차질 없이 양쪽 일을 잘 처리하는 사람도 있다. 유능한 경영자나 관리자 중에 이런 타입의 사람이 많다. 내방객과 상담 중에 전화가 걸려오면 전화 용건을 마치고 다시 내방객을 응대하는 일은 이런 사람들에게는 식은 죽 먹기보다 쉬운 일이다. 한꺼번에 몇 건의 국제전화를 받는 비즈니스 엘리트도 있다.

아무 관계도 없어 보이는 데이터나 정보를 다양한 곳에서 끌어모아 새로운 상품의 개발로 연결시킨다든지 하나의 기획으로 정리해내는 사람들도 있다.

한 번에 여러 가지 업무가 집중되면 머리가 혼란스러워 아무것도 하지 못하는 사람은 '의식의 전환'에 서툰 사람이다. 물론 서툴다 해도 습관과 훈련으로 능숙해질 수도 있지만, 아무래도 이 능력은 소질과 상당한 관계가 있는 듯하다. 그래서 이런 타입에게 이것저것 부탁하면 절대로 좋은 결과가 나오지 않는다.

결국 업무를 맡길 때에는 다음과 같은 점을 고려하는 것이 관건이다. 동시에 두 가지 이상의 일을 평행적으로 진행시키는 것이 효과적인지, 아니면 하나하나를 단계적으로 진행시키는 편이 나을지를 파악해야 하는 것이다. 이것은 논리학에서 말하는 '귀납법'과 '연역법'이라는 두 가지의 방법과 대응된다고 볼 수 있다.

여러 종류의 잡다한 지식과 경험에서 하나의 법칙성을 이끌어내는 것이 '귀납'이고, 거꾸로 하나의 공식과 법칙에서 단계적으로 다음의 추리와 가설을 세워서 가는 방법이 '연역'이다. 여기에 견주어보면, 전자는 어수선한 환경에서 잡다한 일을 태연하게 하면서 그 속에서 하나를 끝맺을 수 있는 사람이라고 할 수 있고, 후자는 하나하나 분명하게 정리하지 않으면 일이 진행되지 않는 사람이라고 할 수 있다.

check

돈 씀씀이도 사람을 파악하는 중요한 요소이다. 일을 제아무리 잘해도 돈 씀씀이가 헤픈 사람에게는 아무것도 맡길 수 없다. 돈이 손에 들어오면 계획 없이 써버리는 사람, 노름에 빠져 있는 돈 다 털리고도 '이번에야말로' 하면서 사채까지 빌리는 사람은 예외 없이 의지박약한 사람이라 할 수 있다. 돈에 허술한 사람은 인품도 허술하다. 돈은 사람을 미치게 하고, 사람을 변질시킨다.

이 두 타입은 사고방식과 업무 방식은 물론 인품도 전혀 다르다. 그러므로 적절하게 업무를 분담해주지 않으면 업무의 능률도 오르지 않고, 본인의 장점도 살리지 못하는 결과가 되고 만다.

일반적으로 영업 · 관리 부서에서는 귀납적인 능력, 기술 · 제조 부서 등에서는 연역적인 능력이 요구된다고 보는데, 같은 부서에서도 업무의 성질에 따라서는 양쪽 모두 필요한 경우가 있다는 것도 염두에 두도록 한다.

업무를 맡았을 때의 반응으로 알 수 있는 성격

"자네에게 전적으로 일임하겠네." 이런 말을 들으면 아주 힘에 넘치는 타입이 있다.

또 반대로 "그게 무슨 말씀이십니까? 어떻게 해야 할지 지시를 내려주십시오" 하고 오히려 곤혹스러운 반응을 보이는 타입이 있다.

그래서 기대만큼 일의 성과를 내지 못하는 경우도 있고, 너무 제멋대로 일을 진행해서 일임한 사람을 당황하게 만드는 경우도 있다.

일을 전적으로 맡기는 것은 분명히 상대방의 의욕을 북돋우고 성장시키는 방법이다. 게다가 일을 맡은 당사자도 마음 편하게 일을 진행할 수 있다. 하지만 맡겨둔 채 그대로 내버려두면 나중에 원치 않는 결과가 나올 위험성도 있다는 것을 염두에 두어야 한다.

남에게 무언가를 일임할 때에는 다음과 같이 해보도록 한다.

먼저 "이 일을 자네에게 일임할 테니 자네 생각대로 마음껏 해보게나" 하고 권유해본다.

이때 상대방이 흔쾌하게 받아들이면 그는 의욕에 넘치고 성장 가능성도 충분한 사람이라고 할 수 있다. 반면 경솔하거나 조금 무책임한 사람일지도 모른다.

적당한 기간이 지난 뒤에 그가 '중간보고'를 해오는지 본다. 이쪽에서 아무 말도 하지 않는데 중간보고를 한다면 신뢰할 수 있는 사람으로 보아도 좋을 것이다. 이쪽에서 아무 말도 하지 않으면 감감 무소식인 사람이라면 모르는 사이에 엉뚱한 곳으로 내달릴 우려도 있으므로 주의해야 한다.

일임받은 쪽에서는 순조롭게 잘 되어가고 있으니 보고할 필요가 없다고 생각할지도 모르지만, 이런 사람은 장래가 걱정되는 사람이다. 또 순조롭게 일이 진행되지 못할 때는 도저히 보고를 하고 싶지 않을 것이다. 어떻게든 자신의 힘으로 수습하여 상황이 좋아지고 난 후에 보고를 하려고 하지만, 이럴 때는 사태가 더욱 악화되게 마련이다. 그러므로 일이 어떻게 진행되든지 간에 적당한 중간보고를 해야 한다.

한편 일임하겠다는 말을 들었을 때 당황하는 사람은 신중하고 소심한 사람이다. 이런 사람한테 무리하게 업무를 일임하면 낭패 보기 십상이므로 어느 정도 틀을 만들어서 일을 맡겨야 한다. 업무 내용, 목적, 방법, 시기 등을 상세하게 지시해주는 것이 필요한 것이다. 이런 타입은 약간 소극적이지만 실수는 적다.

상세한 지시를 좋아하는 사람과 싫어하는 사람의 판단

남에게 무언가를 부탁하면서 이것저것 상세하게 지시를 한다면 과연 어떤 반응을 보일까? 이것도 사람을 파악할 수 있는 유력한 단서가 된다.

앞에서와 마찬가지로 "자네에게 전적으로 일임하겠네" 하는 방법과 정반대의 방법을 취하는 것이다.

상세한 지시를 번거로워하는 사람은 마음속으로 당연히 '다 일임해주면 좋을 텐데' 하고 생각할 것이다. 이런 반응을 보이면 과감하게 전부 일임하라. 하지만 도중에 작전을 바꾸려면 여간 용기가 필요한 것이 아니다. 또 그중에는 지레짐작으로 이쪽에서 원하는 것과 동떨어진 일을 해버리는 사람이 있을 수도 있다.

그것을 방지하기 위해서는 개괄적인 구상을 이야기한 후에, "대충 이런 구상인데 세부 진행 방법은 자네에게 일임하겠네. 계획이 세워지면 일단 한번 보여주게나" 하고 못을 박아두면 좋을 것이다.

한편으로는 자세하게 지시를 받지 못하면 아무 일도 하지 못하는 사람도 있다. 또 아무리 자세하게 지시해도 그대로 하려 들지 않는 사람과 하지 못하는 사람도 있다. 특히 좋지 않은 타입은 대답은 멀쩡하게 잘하지만 건성으로 들어서 정작은 아무것도 못하는 사람이다.

의뢰하는 사람의 입장에서는 자세한 지시를 제대로 듣고 확실하게 실행해주는 것이 가장 바람직하다는 것은 두말할 필요도 없다. 이 점을 확인하려면 대답으로만 판단해서는 안 된다.

실수가 적은 사람은 반드시 확인을 원할 것이다.

"이런 방법으로 하는군요"라든가, "여기 이 부분을 잘 모르겠는데요"와 같이 확인을 하려는 사람은 일단 틀림이 없다고 보면 된다.

이런 확인 없이 "네, 알겠습니다" 하고 시원하게 대답하는 사람이라면 침착하지 못한 사람이라고 보면 틀림없다. 이럴 때에는 반드시 확인하는 절차가 필요하다. 상대방이 기분 상하지 않게 다음과 같이 말해보는 것이다.

"잘 알아들었겠지만 실수가 있으면 안 되니, 자네가 한번 다시 설명해보게나."

이처럼 일을 맡겼을 때 상대방의 반응에 따라 업무 진행 방법을 조절하는 요령이 필요하다.

실수에 대한 '처치와 대책'으로 책임감을 알 수 있다

실패나 실수를 하지 않는 사람은 없다. 그 누구라도 살아가면서 작은 실수는 하게 마련이고, 인간은 그것을 참고 견디면서 성장해나가는 것이다. 작은 실수를 두려워하는 사람은 크게 성장할 수 없다. 실패나 실수에도 좌절하지 않고 무슨 일이든 이루어내려는 기백이 있어야만 진보할 수 있는 것이다.

중요한 것은 실수가 생겼을 때 '대처하는 방법'이다.

어떤 사람은 실수에 대해 변명으로 일관한다.

거래처에 물건을 늦게 납품하여 상대방에게 손해를 입힌 영업사원의 예를 보자.

"저희 회사 공장에서 꾸물거리는 바람에 지연되었습니다", "하청업체에서 사람이 부족해서 늦어졌습니다", "오는 도중에 차가 막혀서요."

이런 변명을 하는 사람은 영업사원의 자격이 없다.

이유가 어떻든 약속한 기일에 납품하지 못한 책임은 담당 영업사원에게 있는 것이다. 당연히 "여러 가지로 불편을 끼쳐드려서 죄송합니다" 하고 말해야 한다. 나아가 사과만 할 것이 아니라, "앞으로는 이러이러한 조처를 취하여 두 번 다시 이런 문제가 일어나지 않도록 하겠습니다" 하고 처치와 대책을 함께 제시할 수 있어야 한다.

그저 사과하는 데서 그치고 사후 조치를 취하지 않는 사람은 다음 번에도 똑같은 실수를 할 가능성이 크다. 그리고 지난번처럼 또 온갖 핑계와 함께 "죄송합니다"로 때우고는 태연한 표정을 지을 것이다.

다시 말해 일이 잘못 되었을 때 핑계가 많고 타인에게 책임을 전가하려는 사람은 애초부터 제대로 된 일을 할 수 없는 사람이다.

실수나 실패보다는 그 때문에 생길 수 있는 오해로 트러블이 일어나기도 한다. 이럴 때에 오해를 풀지 않고 흐지부지하게 때우려는 사람도 생각해봐야 할 사람이다.

모든 일에는 때와 장소가 있다. 상대가 한창 흥분해 있을 때, 그 사람을 배려하지 않고 자기주장만 하는 것은 올바른 대처 방법이라고 할 수 없다.

실수와 실패의 경우는 말할 것도 없고 오해로 인한 트러블이 일어났을 때에도 자신의 미흡한 점을 솔직하게 사과하고 '앞으로는 어떻게 할지'에 대해서 눈을 돌리는 사람이 일도 잘하고 인간적으로도 신뢰를 얻을 것이다.

말주변이 없다는 것은 변명일 뿐이다

"나는 말주변이 없어서 손해가 많다"고 말하는 사람이 제법 있다. 다른 사람 앞에 나서면 목소리도 작아지고 시선을 어디에 둘지 몰라 허둥대며 이야기의 내용도 정리가 되지 않는다. 이는 소심한 사람에게 많은 현상이지만 꼭 그들에게 국한된 것만은 아닌 듯싶다.

성격적인 요소가 많이 작용을 하기는 하지만, 여러 모로 성격이 좋으면서도 단지 화술이 좋지 못해 손해를 보는 사람이 분명히 있는 것이다.

하지만 아무리 말주변이 없는 사람이라도 자신 있는 분야에 대한 이야기라면 열의를 담아 이야기를 하게 마련이고, 듣는 사람도 상대방의 화술이 비록 서툴다 해도 진심이 담긴 말에 귀를 기울이게 된다.

결국 타인의 마음을 움직이는 것은 능란한 달변이 아니라 이야기에서 느껴지는 열의와 노력의 흔적이라고 할 수 있다. 즉 말주변이 없다고 떠벌리는 사람은 열의와 노력이 부족한 자신의 속내를 숨기려 한다는 생각을 떨칠 수가 없다.

이야기할 때 타인의 마음을 움직이는 사람은 그 나름대로의 신념으로 머릿속이 정리되어 있다고 보아도 무리가 없을 것이다. 뒤집어 보면, 타인의 마음을 움직이지 못하는 사람은 그만큼 생각이 정리되지 않은 거라고 볼 수 있다.

물론 그중에는 교묘한 말솜씨로 입에서 나오는 대로 말을 해도 사람들을 감동시킬 정도로 말을 잘하는 '가짜' 도 있기는 하다. 하지만 듣는 사람이 조금만 주의 깊다면 속이 꽉 차 있는 사람인지 허풍쟁이인지를 저절로 알게 된다.

이와는 반대인 경우도 있다. 아주 좋은 생각을 가지고 있으면서도 도저히 그것을 말로 표현하지 못하는 사람도 있을 것이다. 이런 사람은 자신의 생각을 문장으로 표현하는 연습을 꾸준히 하면 의외의 효과를 얻을 수도 있다.

말과 글은 사회생활을 하는 데 있어 자신을 표현하는 가장 기본적인 수단이다. 이 두 가지 모두 능숙하면 두말할 나위가 없지만 그런 사람은 드물다. 하지만 어느 쪽이든 하나는 꼭 필요하다. 말과 글 모두 서툴면서도 노력을 하지 않는다면 사회인으로서 살아갈 권리를 포

check

업무를 통하여 사람을 파악할 수 있는 또 하나의 포인트는 업무를 처리하는 속도이다. 똑같은 업무도 아주 빠르게 해내는 사람이 있는가 하면 여간해서는 제때에 처리해내지 못하는 사람도 있다. 이런 과정을 통해서 그 사람의 특성을 파악하면 업무 습득 정도와 적성이 요구되는 곳을 적절하게 찾을 수 있다.

기하는 것과 다를 바 없다.

'말주변이 없어서', '글 쓰는 게 서툴러서'라는 것은 구실일 뿐이다. 노력과 열의가 부족한 것에 대한 변명에 지나지 않는다. 자신의 생각을 상대방에게 이해시키려는 마음만 있다면 말을 잘하고 못하고는 아무런 상관이 없는 것이다.

대수롭지 않은 일에서 꿰뚫어볼 수 있는 인품

대수롭지 않은 업무에서도 그 사람됨을 엿볼 단서는 많다.

예를 들면, 철이 되어 있는 서류를 몇 세트 복사하도록 지시한다. 들쭉날쭉 정리가 안 된 채로 태연하게 가져오는 사람은 성격도 단정치 못하다. 꼼꼼한 사람이라면 모서리가 가지런하게 자로 잰 듯하고 원본도 원래대로 반듯하게 정리해서 가져온다.

이런 차이는 단순히 성격을 드러낼 뿐만 아니라, 가정과 직장에서의 예절도 짐작하게 해준다. 게으른 성격의 소유자도 단정한 예절을 익힌 사람이면 깔끔하게 해온다.

서류 정리뿐만 아니다. 책상 서랍에 물건을 끼워둔 채 그대로 열어 둔다든지, 서류를 봉투에 아무렇게나 접어서 넣는다든지 모든 것이 인품을 알 수 있는 단서가 된다.

간단한 서류를 우편으로 받는다고 하자. 서류만을 봉투에 넣어 보내는 상대방은 무신경한 사람이다. 한 줄이라도 안내 글이나 인사말을 써 보내는 사람은 그만큼 정이 있는 사람이다.

남에게 부탁을 하면서도 고맙다는 말 한마디 하지 않는 사람은 자기중심적이고 배려하는 마음이 없는 사람이다. 이런 사람이 유별나게도 공치사는 하고 싶어한다.

남의 이야기를 귀담아듣지 않고 독단으로 일을 처리하려는 사람은 제멋대로이고 고집이 세다. 이런 타입은 이해력이 없어서라기보다 성격이 급해 이야기를 제대로 듣지 않는 경우가 많다. 당연히 실수가 끊이지 않는다. 이럴 때는 같은 말을 계속 반복하는 것보다 상대방에게 스스로 어떻게 처리할지 방법을 설명하도록 한 후에 잘못 이해하고 있는 부분을 지적하는 것이 효과적이다.

친절하게 말을 건넸을 때 호의를 잘못 해석하여 도전적인 태도를 취하는 사람은 과거에 겪은 경험 때문에 경계심이 강해진 사람이다. 좋은 예는 아니지만, 머리를 쓰다듬어주려고 하는데 때리는 줄 알고 몸을 움츠리는 반응을 보이는 것도 이런 경우라고 할 수 있다.

또 약간 복잡한 일을 지시했을 때 아무런 보고도 하지 않는 사람도 소심하고 제멋대인 구석이 있다고 보면 틀림없다. 이런 사람은 일이 난감해졌을 경우에는 더더욱 보고하지 않는다. 그리고 도중에 손을 들면 어떻게든 수습이 될 수도 있건만, 도저히 손을 쓸 수 없는 상황이 되어서야 "사실은……" 하고 항복을 한다. 그러고는 "어째서 좀더 빨리 보고하지 않았나?" 하고 추궁하면 "어떻게든 제 선에서 수습한 후에 보고드리려고 했습니다" 하고 말하는 것이다. 상대가 이런 타입이라면 일을 지시한 쪽에서 중간보고를 하도록 시키는 것이 좋다.

이와 같이 평소의 대수롭지 않은 자잘한 업무 속에서도 사람됨을 파악할 수 있는 단서는 얼마든지 찾아낼 수 있다.

단조로운 업무로도 적성을 알 수 있다

단조로운 업무를 금세 익숙하게 처리하는 사람은 이해가 빠르고 성격도 밝다. 반면에 쉽게 싫증을 내고 얼마간 계속되면 점점 지쳐간다. 그리고 실수도 많아진다.

이와 반대로 좀처럼 숙달되지 못해 업무 처리량이 적은 사람은 내향적인 성격이다. 이런 타입은 서서히 업무에 숙달되면서 그 기세를 살려 꾸준하게 일을 해나가는 사람이 많다. 하지만 그중에는 속도도 느리고 얼마 안 가 싫증을 내는 사람도 있다. 이런 경향은 앞서 소개한 크레페린 검사에서도 드러나듯이 성격이나 지능 면에서 문제가 많은 사람이다.

따라서 직장에서 업무를 할당할 때에는 이 부분을 충분히 염두에 두고 다음과 같은 점에 주의를 기울이도록 한다.

(a) 단조로운 업무에 곧 익숙해지고 처리 속도가 빨라지는 타입이라면 도중에 포기하지 않도록 기분전환을 하는 비결을 가르친다.

(b) 처음에는 좀처럼 익숙해지지 않지만 서서히 기세를 올리는 타

입은 차분하게 지켜보는 자세로 임한다.

(c) 속도가 느리고 곧 싫증을 내며 피곤해하는 타입에 대해서는 본인에게 일할 의욕과 능력이 있는지를 확인하는 것이 우선 과제이다. 이 타입을 자칫 (b)타입, 즉 출발이 느린 타입으로 착각하여 지켜보기만 한다면 아무리 시간이 흘러도 업무의 능률은 오르지 않고 실수만 연발하는 모습을 보게 될 것이다.

앞으로는 로봇이 보급되고 기계화와 자동화가 널리 이루어지면서 단조로운 업무는 기계로 대체되어갈 것이다. 그런 의미에서는 (a)타입에 단조로운 업무를 얼마간 짜맞추어주는 것도 하나의 방법이 될 것이다.

제아무리 제조와 사무가 기계화 · 자동화되어도 사람의 손을 필요로 하는 단조로운 업무는 부분적으로 남을 것이다. 출발이 느린 타입에게 그런 업무를 맡기는 것도 생각해볼 수 있다. 다만 무엇보다 '기계를 잘 다룰 수 있는 사람'이 되도록 주의해야 한다. 출발이 느린 타입은 조용하지만 업무는 확실하게 처리한다. 그 점을 살리는 것이다.

기계화와 자동화가 진행되면 버튼 하나, 레버 하나로 거대한 장치를 움직일 수 있게 된다. 그것은 버튼과 레버 한 개의 조작을 잘못하면 대형사고로 이어질 위험이 있다는 말이기도 하다.

이해는 빠르지만 쉽게 지치는 (a)타입은 이런 업무에 어울리지 않는다. 그들에게는 좀더 복잡하고 변화 있는 업무를 주어야 한다.

이상과 같이 단조로운 업무를 처리하는 스타일을 보면 그 사람의 적성을 거의 정확하게 알 수 있다.

복잡한 일을 처리하는 사람에게 필요한 요소

앞에서도 이야기한 바와 같이 앞으로 기계화가 진행됨에 따라서 인간은 점점 단순한 업무에서 해방되어갈 것이다.

그렇게 되면 단순한 업무가 적성에 맞는 사람은 아주 곤란해질 것은 자명하다. 기계는 인간이 만든 프로그램에 따라서 정해진 업무를 확실하게 실행한다는 점에서는 인간보다 몇 단계는 앞선다. 불평을 하지 않을 뿐만 아니라 월급을 올려달라거나 복지를 운운하지도 않기 때문이다. 그러나 기계는 시키는 일밖에 하지 않는다. '눈치껏' 이라든지 '정성을 다해서' 일하는 것을 기대할 수는 없다.

여기에서 말하는 복잡한 일이라는 것은 단순하게 정교한 일이라는 의미가 아니고 기계가 하기 어려운 일이라고 이해해주기를 바란다. 즉 앞으로는 시키는 일밖에 하지 못하는 사람은 차츰 기계로 교체되고, 시키는 일 이상의 일을 하는 사람이 필요한 시대가 될 것이다. 하물며 '시키는 일도 제대로 못하는 사람' 은 논할 가치도 없다.

그러면 구체적으로는 어떤 일이 인간에게 요구될 것인가?

- 단조로운 일을(컴퓨터를 포함한) 기계에게 명령하는 작업, 예를 들면 시스템 설계, 프로그램 준비 등과 같은 일이다.
- 기계의 고장, 상황의 변화 등 어떠한 문제가 생겼을 때 체크, 수정, 처리, 대책 등을 세우는 일이다. 이것들은 어느 정도 기계에 적응시킬 수 있다고 해도 대개는 사람의 손을 거쳐야 할 것이다.
- 인간이 무엇을 원하고 있는지, 인간을 어떻게 움직여야 할지 인간이 아니면 알 수가 없다. 그 기초 자료와 데이터 처리를 컴퓨터로 할 수는 있어도 어떤 자료를 모을지, 모은 자료를 분석한 결과, 무엇을 할지는 인간이 결정해야 할 몫이다.

이상과 같은 일을 '복잡한 일'이라고 한다면 이것을 할 수 있는지 파악하는 것은 앞으로 사람을 꿰뚫어보는 데 지극히 중요한 포인트가 될 것이다. "지시가 없어서 하지 않았습니다", "가르쳐주지 않아서 못 합니다", "어떻게 할까요?" 이런 말을 하는 사람은 그 단계에서는 낙제다.

지도 방식에 따라서 스스로 생각해서 일을 할 수 있는 사람과 여전

check

업무의 정확도 역시 사람을 파악하는 중요한 단서이다. 빠른데 조잡하고 실수가 많은 사람은 졸속형이라고 할 수 있는데, 성격은 밝고 행동적이지만 엉성하고 무신경한, 바람직한 면과 그렇지 못한 면이 분명하게 드러난다. 느리지만 주의 깊고 정확한 사람은 위험을 동반하는 작업이나 일정한 정도 이상의 정밀도를 요하는 업무에서 위력을 발휘한다.

히 못하는 사람이 있다. 결국 생각해서 일하는 능력을 끌어내는 것이 지도자가 할 일이다.

아무리 간단한 일이라도 연구해서 하고 있는지, 다음의 절차를 예측하고 앞장서고 있는지를 체크하여, 그렇게 하지 않으면 그것을 실행하도록 조언을 아끼지 말아야 한다.

그와 동시에 얼마나 열정이 있는지 파악하는 것도 중요한 포인트이다. 왜냐하면 기계에게서는 의욕이나 열정을 기대할 수 없기 때문이다.

새로운 업무로 알게 되는 변덕형과 신중형

이미 널리 알려진 일보다는 새로운 직종에 흥미를 느끼는 사람들이 있다. 그들은 그 일에 열정적으로 매달리고, 그것이 어느 정도 궤도에 올라서면 또 다른 새로운 일에 손을 댄다. 그렇지 않으면 좀이 쑤셔서 견디지 못한다. 새로운 일을 만들고 그것을 궤도에 올려놓는 것 자체가 그들에게는 커다란 즐거움인 것이다. 사업가나 프로듀서 등이 전형적인 예라고 할 수 있다.

그들에게 이미 틀이 짜여진 업무, 즉 경리 장부나 기존 고객관리 등을 맡긴다면 어떤 반응을 보일까. 두말할 나위도 없이 곧바로 비명이 터져나올 것이다. 이런 경우는 가능한 한 새로운 업무 방식을 도입하고, 그 사람의 장점을 발휘할 수 있는 환경을 만들어주어야 의욕이 저하되는 것을 막을 수 있다. 또는 당사자에게 기존의 업무 방식을 개선할 수 있는 방법을 찾아보도록 하는 것도 좋다.

이와는 반대로 하나의 업무를 맡았을 때 외골수처럼 오직 한 가지 방법만을 고수하는 타입이 있다. 아이디어를 짜낸다면 효율적인 여러 가지 방법이 있건만 그럴 생각을 하지 않는 것이다. 이런 타입은 새로운 일을 지시했을 때 좀처럼 적응하지 못한다. 자칫하다가는 10년을 하루같이 똑같은 일을 반복하며 그 껍질 속에 웅크리고 있을 우려가 있다.

전자의 타입은 어중간한 것을 배척하는 결점이 있다. 이른바 변덕쟁이인 것이다. 후자의 타입은 그런 일은 없는 대신 융통성이 없고 스스로 길을 개척하는 기백과 재능이 결여되어 있다. 양쪽 모두 일장일단이 있으므로 이 두 가지 타입을 잘 조합하여 각각의 특징을 살려 활용해야 한다. 또 자신의 업무 스타일을 파악하고 부족한 부분을 보완해줄 수 있는 파트너를 택하는 것도 필요하다.

자신은 여러 가지 일에 손을 대보고 싶은데 모두 끝까지 해낼 강한 끈기가 부족하다고 생각되면 자신이 개척한 길을 지키고 키워나가는 사람을 파트너로 하는 것이 합리적이다. 반대로, 자신이 아주 보수적이고 새로운 것에 도전할 용기와 아이디어가 부족하다고 생각되면 의욕적인 상대를 파트너로 선택하는 것이다.

새로운 업무를 맡겼을 때 망설이는 사람은 대개 후자 타입, 즉 신중형이다. 이 타입은 한번 새로운 업무에 재미를 느끼게 되면 금세 열중하는 장점이 있다. 그러므로 일하는 재미를 깨닫게 하여 장점을 최대한 살려주는 것이 지도하는 쪽의 역할이다.

반대로, 새로운 업무에 곧바로 뛰어드는 사람들은 전자 타입, 즉 변덕형이다. 이런 타입은 이것저것 무조건 건드리지 않도록 뒤에서 조절해주는 것이 중요하다.

이 타입은 새로운 가치를 창출할 가능성이 충분하다는 장점이 있다. 신상품 개발, 새로운 판로 개척, 새로운 고객 확보가 목표라면 이런 사람들의 아이디어와 다양성을 살리는 것이 관건이다. 물론 생각으로만 끝나지 않고 그것을 현실화할 수 있도록 노력하는 자세도 병행되어야 한다.

돈 씀씀이로 알 수 있는 인품

돈 씀씀이도 사람을 파악하는 중요한 요소이다.

일을 제아무리 잘해도 돈 씀씀이가 헤픈 사람에게는 아무것도 맡길 수 없다. 돈이 손에 들어오면 계획 없이 써버리는 사람, 노름에 빠져 있는 돈 다 털리고도 '이번에야말로' 하면서 사채까지 빌리는 사람은 예외 없이 의지박약한 사람이라 할 수 있다. 사랑하는 남자를 위한다는 명분으로 회사 공금에 손을 대는 여성 또한 마찬가지이다.

돈에 허술한 사람은 인품도 허술하다. 돈은 사람을 미치게 하고, 사람을 변질시킨다.

업무상의 동료나 거래처로는 돈에 대해서 깐깐할 정도로 엄격하고 정확한 사람이 바람직하다. 사업상 식사를 한다거나 골프를 칠 때 번번이 지갑을 쥐고 꼼짝도 하지 않는 사람이 쓸 만한 일을 해낼 리 없다. 그렇다고 무조건 돈을 잘 쓰는 사람도 생각해봐야 한다. 그런 상황이 오래 계속될 리가 없기 때문이다. 다른 속셈이 있는 것은 아닌지 의심해보아야 한다.

거래처 등과의 관계에서는 경비를 각자 부담하는 것도 실례이다. 그런 만남의 경우에는 "오늘은 제가 대접하겠습니다" 하고 교대로 계산하는 배려가 필요하다.

모름지기 금전에 대해서는 약간 인색한 편이 가장 좋다. 하지만 너무 인색한 것도 곤란하다.

돈을 쓸 때 계획성이 있는지도 그 사람을 이해하는 포인트가 된다. 질질 끌려가며 되는 대로 돈을 써대는 사람이 가장 위험하다.

금리에 대한 감각은 어떨까? 이자를 두려워하는 것이 마땅하지만 잘 활용하면 그것만큼 위력을 발휘하는 것도 없다. 부자가 돈을 번다는 말은 그들이 금리의 메커니즘을 숙지하고 활용하고 있다는 의미이기도 하다.

돈을 쓸 때는 '자잘하고 대담하게' 쓰는 것이 가장 이상적이다. 콩나물 값 깎아서 모피 코트를 사는 데 돈을 쓰는 것은 가장 좋지 않은 방법이다. 그렇다고 해서 대담 일변도로 나가는 것도 위험하다. 현금을 맡겨보면 그 사람이 어떤 식으로 돈을 사용하고 있는지 대개 파악할 수 있다.

개인적인 관계에서 돈을 빌리거나 빌려주는 일은 반드시 피해야 할 일이다. 우리는 얼마 되지 않는 돈 때문에 우정과 신뢰에 금이 가는 경우를 허다하게 본다. 남에게 돈을 빌려주는 경우는 '거저 준다'는 각오로 빌려주지 않으면 배신당하는 일이 많다는 말은 시사하는 바가 크다.

글씨는 인격을 나타낸다

글씨에는 쓰는 사람의 고유한 특징이 드러나 있다. 범죄수사 등에서 필적 감정을 하는 것도 그런 이유 때문이다. 그러니 글씨는 그 사람을 나타낸다고 해도 좋을 것이다. 예로부터의 동서양을 막론하고 필적에 관한 연구가 행해져왔고 다양한 학설이 제기되었지만 지금까지 확실한 근거는 없다.

우리 같은 문외한들은 전문가들의 판단 기준을 알지 못한다. 하지만 글씨를 보면 잘은 모르지만 왠지 쓴 사람의 인품이 느껴지는 기분이 들 것이다. 이런 직관을 중요하게 보는 것이다.

자신에 넘치며 커다랗고 힘이 느껴지는 글씨, 자그맣고 신경질적인 글씨, 난폭하게 흘려 쓴 글씨, 네모 반듯하고 꼼꼼한 글씨, 흐르는 듯 아름다운 글씨. 이처럼 말로 들으면 당신도 대강의 이미지가 떠오를 것이다.

학문적 · 과학적으로 해명하기는 어렵지만, 순진한 사람은 순진해 보이는 글씨를 쓰고, 움츠린 글씨를 쓰는 사람은 인품도 위축된 사람이다. 대범한 사람은 글씨도 대범하다.

더욱이 글씨는 그 사람의 마음 상태도 드러낸다.

마음이 안정되지 않았을 때의 글씨는 같은 사람이 쓴 글씨라도 안정감이 없다. 초조한 마음으로 쓴 글씨는 역시 초조한 마음이 드러나 있는 것이다.

'글씨를 잘 쓰고 못 쓰는 것' 은 지능이나 재능과는 별로 관계가 없어 보인다. 그렇다면 잘 쓰는 글씨란 어떤 글씨일까? 이것도 확실한 정의는 없다. 그럼에도 불구하고 우리들은 평소에 '그 사람의 글씨는 달필이다' 라든가 '그 사람은 악필이어서 알아보기 힘들다' 라는 말을 한다. 글씨를 잘 쓰고 못 쓰는 차이는 분명히 있지만, 막상 생각해보면 그 기준이 아무래도 분명하지 않다.

글씨를 잘 쓰는 사람은 그 부모도 글씨를 잘 쓰는 경우가 많다고 한다. 그렇다면 이것은 유전적이거나 소질적인 요소가 다분하고, 매일 세련된 글씨를 보아오고 엄하게 주의를 들은 환경적인 영향도 있음에 틀림없다.

오랫동안 함께 살아온 부부의 글씨체를 보면, 처음에는 전혀 비슷하지 않았지만 세월이 흐르면서 점점 서로 비슷해져가는 경우가 있다. 그런가 하면 수십 년을 함께 살아도 전혀 닮지 않은 글씨체를 쓰는 부부도 있다. 부부는 성인이 된 후에 만난 사람들이므로 부모만큼의 영향은 받기 어렵다는 해석도 성립된다.

글씨는 성인이 되어가면서 조금씩 향상되지만 글씨가 세련된 사람은 어릴 적부터 글씨를 잘 쓴 경우가 많다.

어릴 적에는 서툴렀지만 어른이 된 후에 글씨를 잘 쓰게 되었다는 사람은 아주 드물다. 이런 점으로 미루어볼 때 글씨를 배우고 익힐 무렵의 환경이 필적의 타입을 결정한다고 볼 수 있다. 유치원부터 초등학교 저학년 때에 접하는 사람, 즉 부모 · 스승 · 형제 등의 영향을 받는 것은 당연할 것이다.

따라서 글씨는 그 사람의 인격이 형성되는 시기의 기본적인 기질을 나타내고 있다고 말할 수 있다.

check

대수롭지 않은 업무에서도 그 사람됨을 엿볼 단서는 많다. 예를 들면, 철이 되어 있는 서류를 몇 세트 복사하도록 지시한다. 들쭉날쭉 정리가 안 된 채로 태연하게 가져오는 사람은 성격도 단정치 못하다. 꼼꼼한 사람이라면 모서리가 가지런하게 자로 잰 듯하고 원본도 원래대로 반듯하게 정리해서 가져온다.

업무 처리 방식으로 알 수 있는 주간성과 야행성

아침에는 멍해서 머리 회전이 잘 안 되다가도 저녁 무렵이 되면 눈에 생기가 도는 사람이 있다. 이런 사람은 속칭 야행성 타입이다. 야행성은 밤이 이슥해지면 더더욱 신경이 활발해지기 때문에 여간해서 일찍 잠을 자지 않는다. 그러니 다음날 아침이 멍할 수밖에 없다.

이에 비해, 아침 일찍 일어나자마자 활발하게 움직이고 무슨 말이든 잘 떠드는 사람도 있다. 이런 타입은 초저녁부터 피로해지고 밤에는 비교적 일찍 잠들어버린다. 즉 주간성 타입인 것이다. 야행성은 저혈압 경향이 있고, 주간성은 고혈압이 많다. 젊은 사람은 야행성이 많고, 중년 이상은 주간성이 많다. '노인은 아침 일찍 일어난다' 는 말은 이런 경향을 나타내고 있다.

지역적으로도 차이가 있어, 도시 사람은 야행성이 많고 지방 사람은 주간성이 되기 쉽다. 이것은 생활환경에 영향을 받은 바가 크다. 도시에서는 밤이 되면 네온이 휘황찬란하고 차들의 왕래도 빈번하다. 여름에는 해가 진 뒤에도 열대야 때문에 잠들기 어렵다. 자연히 야행성이 될 수밖에 없다. 시골에서는 하루 일과가 아침 일찍 시작된다. 그래서 늦잠꾸러기는 게으른 사람이 되는 것이다. 아침 일찍 일어나니 잠도 자연히 일찍 자게 된다. 여름에도 해가 저물면 시원해서 견딜 만하다.

물론 도시 비즈니스맨의 생활도 아침 일찍 일어나면 여러 면에서 이롭다. 한발 먼저 출근하면 업무 진행을 원활하게 할 수 있다. 전철도 비교적 타기 수월할 것이다. 잠이 덜 깬 눈으로 만원 전철에 흔들리면서 매일 아침 아슬아슬하게 출근하면 상사의 눈길이 고울 리 없다. 화이트칼라이든 블루칼라이든 모든 샐러리맨은 주간성이 요구된다. 하지만 고객을 상대로 물건을 판다거나 2교대, 3교대로 근무하는 블루칼라와 자유업에 종사하는 사람의 경우는 그렇지 않을 것이다.

지도자의 입장에서 볼 때, 지각이 잦고 오전에 능률이 오르지 않는 사람이 있다면 그 사람의 생활습관부터 개선시키는 것이 가장 먼저 해야 할 일이다.

도시의 대학생은 아무래도 야행성이 되기 쉽다. 그렇게 지내다 취업을 하여 직장생활을 하게 되면 갑자기 생활 리듬을 주간성으로 바꿔야 하기 때문에 여러 가지 트러블이 생기게 마련이다.

그렇다면 상사로서 이런 신입사원을 어떻게 지도할 것인가. 그저 야단만 치는 것이 능사는 아니다. 주간성이 되는 요령을 가르치는 일이 필요한 것이다.

일반적으로 야행성은 운동 부족이다. 꽤 많은 시간을 책상 앞에 앉아서 일을 하기 때문에 몸을 움직일 기회가 많지 않다. 차로 움직이지 않아도 될 만한 곳은 반드시 걸어가도록 하고, 쉬는 날에는 가능한 한 몸을 많이 움직이도록 유도하는 것이 중요하다.

내가 아는 한 직장의 문제아로 분류되는 사람은 대개 야행성이다. 하지만 이런 성향은 성격적으로 문제가 있는 경우를 제외하고는, 평소의 생활습관을 바꾸는 것만으로도 의욕적이고 활달한 모습으로 변모하게 된다.

도저히 야행성에서 주간성으로 바뀌지 않는 경우는 야행성에 어울리는 일을 찾아야 할 것이다.

Human Relations

04

출신지, 생활환경으로 꿰뚫어본다

성격, 기질은 고향에서 차이가 난다

일본은 남북이 4천 킬로미터에 이르는 길고 좁은 섬나라이기 때문에 남과 북의 기후와 풍토는 전혀 다르다. 오키나와가 여름을 맞이할 무렵, 홋카이도는 벚꽃놀이 시즌이고 아침저녁으로는 쌀쌀하여 서리마저 내린다.

비즈니스맨이라면 지역에 따라서 사람들의 생활습관이나 사고방식, 사업 스타일 등이 다르다는 것을 피부로 느낀 적이 있을 것이다. 그러니만큼 지역적인 특색을 알아두면 비즈니스를 하는 데 많은 도움이 된다.

최근에는 도쿄나 오사카에 본사를 둔 기업이 지방 도시 근교의 공업단지에 사업소를 설치하면서 종업원을 현지에서 채용하는 경우가 늘어나고 있다. 하지만 본사에서 파견된 관리직과 현지에서 채용한 직원이 업무에 접근하는 방법이 서로 달라 곤혹스러워하는 경우도 많다고 한다. 이것 역시 지역적인 차이 때문에 생기는 현상이라고 볼 수 있다.

지역적 특색이 두드러지게 나타나고 있는 예는 이시카와 현의 가가와 노토의 경우에서 찾아볼 수 있다.

가가는 가나자와를 중심으로 하는 호쿠리쿠 지방의 경제 · 문화 중심지로서, 예능과 공예가 번성한 곳이다. 가나자와의 웬만한 음식점에는 거의 연못이 있어 잉어가 유유히 노닐고 있다. 그런 곳이기 때문에 가가 사람들은 우아함에 긍지를 가지고 있고 (지역적으로) 높은 곳에 살고 있다는 데 대한 자부심도 있다. 노토는 작은 계단식 밭이 해안선 가까이까지 자리잡고 있고, 반농반어의 마을이 대부분인 소박한 땅이다. 노토 사람들은 순박하고 사람 좋고 끈기가 있다고 알려져 있다. 가나자와의 한 경영자는 이 두 지역의 차이를 이렇게 표현했다.

"가가 사람은 오사카나 나고야 같은 도시로 나가고 싶어하고, 현지에 남는 사람도 정착 비율이 그리 높지 않다. 노토 사람을 채용하려면 기숙사가 필요하지만 그래도 그쪽이 이익이다."

시즈오카 현은 서쪽에서부터 도토미, 스루가, 이즈의 세 지역으로 크게 나눌 수 있다. 현지에서는 "돈이 궁해지면 도토미 사람들은 강도, 스루가 사람들은 좀도둑, 이즈 사람들은 거지가 된다"라는 말을 한다고 한다.

도토미 사람은 성격이 과격하고 이즈 사람은 조용하고 점잖은 데 비해, 스루가 사람은 그 중간이라는 말이다.

비즈니스나 현지인을 채용하는 데 이상과 같은 지역적 특색을 염두에 두면 실패율을 줄일 수 있을 것이다.

북부 · 중부 · 서부 일본으로 보는 인품 힌트

앞서 언급했듯이 지역적 특색은 사람을 꿰뚫어보는 유력한 열쇠가 된다. 이시카와 현이나 시즈오카 현의 예에서도 알 수 있었듯이, 서로 가까운 곳이라도 기질에 많은 차이를 보이는 것이다. 이번 항에서는 지역성에 의한 인품을 파악하는 몇 가지 방법을 살펴보기로 하자.

먼저 일본을 북부 · 중부 · 서부의 세 지역으로 나누어 생각해보는 방법이다. 이 방법은 너무 개략적인데다 경계선을 어디에 그어야 할지 모호한 부분이 있지만, 사람들과 대화를 나누거나 그 사람의 사고방식을 아는 데는 적잖은 참고가 될 것이다.

인간은 사고하거나 사물을 판단할 때 나름대로의 기준을 갖고 있다. 즉 사람마다 관점이 다른 것이다. 그럼에도 불구하고 일본을 크게 세 지역으로 나누어보면 각 지역의 사람들에게 공통된 무언가가 있음을 알 수 있다.

북부, 특히 동북 지방의 사람들은 사람의 마음을 중요하게 여긴다. 그들의 마음을 지탱하고 있는 것은 인정이고 거기에서 배양된 문화다. 말하자면 시인 이시카와 다쿠보쿠(石川啄木)의 세계이다. 혹은 하이쿠의 마쓰오 바쇼(松尾芭蕉)나 민족학자 야나기다 구니오(柳田國男)에게서 그 원형을 찾아볼 수 있다. 바쇼나 야나기다 모두 북부 사람이 아니지만, 그들이 여러 지역을 돌면서 가장 순수한 소재를 발견하고 있는 곳이 이곳 북부이다. 바쇼의 『좁은 안길(奥の細道)』과 야나기다의 『도노 이야기(遠野物語)』는 그 시대와 분야가 다르지만 각각 대표적인 저서라고 할 수 있는데, 공교롭게도 이 두 작품은 일본 북부를 소재로 하고 있다. 그것만 보아도 이 지역을 인정의 세계라고 한 의미를 알 수 있을 것이다.

다음으로 중부 일본. 여기에는 고베, 오사카, 교토, 나고야를 중심으로 하는 긴키 지방이 포함된다. 지리 분류법과는 달라도 이들 도시와 그 주변 지역에 공통된 것은 합리성이다. 오사카와 나고야에서는 조금 사정은 다르지만 합리성을 중히 여기는 점에서는 마찬가지다. 이들 지역에서 유명한 상인과 사업가가 많이 나온 것도 이런 배경 때문이라는 생각이 든다. 미쓰이(三井) · 오미(近江) 상인으로 상징되고, 현대 일본을 대표하는 마쓰시타(松下) · 다이에(ダイエー) · 세이부

check

사람을 파악하는 가장 정확한 방법은 친구 관계를 보는 것이다. 예로부터 유유상종이라는 말이 있듯이, 친구를 보면 대개 그 사람의 진정한 모습을 알 수 있게 된다. 나쁜 사람의 주위에는 나쁜 사람들이 모여들고, 성실한 사람은 성실한 사람들과 교제를 하는 것이다. 경계심이 강한 사람은 좀처럼 타인에게 마음을 터놓지 않기 때문에 친구가 적고, 설령 많더라도 깊은 관계를 유지하는 것이 불가능하다.

(西武) · 도요타(トヨタ) 와 같은 우량 기업의 창업자가 이 지역 출신인 것이다.

이에 비해 오카야마 서쪽의 서부 일본에서는 정치 · 사상을 중시하고 있다. 메이지 유신의 원동력이 된 사카모토 료마(坂本龍馬, 지사), 요시다 쇼인(吉田松蔭, 사상가), 다카스기 신사쿠(高杉晋作, 지사), 사이고 다카모리(西鄕隆盛, 정치가) 등이 서부에서 배출된 것은 우연이 아니다. 현재에도 주고쿠, 시코쿠, 규슈 출신의 거물 정치가가 활동하고 있다. 이로 미루어 서부 일본 사람들이 일반적으로 가장 중요하게 생각하고 있는 것은 이념이나 신념이라는 결론이 가능하다.

도쿄 사람의 비즈니스 스타일은 에도 상인 풍

앞 항에서 말한 것처럼 북부 지역 사람들은 인정에, 중부 지역 사람들은 합리성에, 서부 지역 사람들은 신념에 무게를 두어 생각하고 행동하고 있다면, 거기에서 위화감이 생기는 것은 어쩌면 당연한 일이다. 하지만 각 사람의 출신 지역에 대한 차이를 파악해둔다면 고개를 끄덕이게 되는 일도 많을 것이다.

이제는 앞의 분류에 포함되지 않은 도쿄와 수도권을 어디에 포함시켜야 할지 생각해보자.

도쿄는 혼합 거주 지역으로 정치 · 경제 · 문화의 중심지이고, 전국에서 수많은 사람들이 끊임없이 몰려드는 곳이다. 이처럼 모든 것이 뒤섞여 있는 곳의 지역성을 짚어내기란 쉽지 않다. 도쿄는 에도 시대부터 '전국의 쓰레기통'이라고도 불렸다. 최근 10년 사이에는 인구가 도쿄 근방 가나가와 현, 지바 현, 사이타마 현으로 확대되어 수도권을 형성하게 되었다.

도쿄에 직장이 있는 사람을 대상으로 현재 살고 있는 곳을 물어보면 반 수 이상은 도쿄 도(道)가 아닌 이 세 현에 살고 있거나, 도쿄일 경우에도 2, 3개 구(區) 내외의 신흥도시인 경우가 많다.

오사카 역시 이와 비슷한 경향을 보인다. 도쿄에 비해 인구 밀도는 그래도 낮은 편이지만, 주거지역은 업무 장소에서 떨어진 주변으로 확산되는 경향이 높은 것이다.

나고야는 그래도 꽤 지방색이 드러나지만 도쿄, 오사카와 더불어 비즈니스의 중심지인 것만큼은 틀림없다.

이들 지역에서 일을 해본 경험이 있는 비즈니스맨이라면 도쿄, 오사카, 나고야의 일처리 방식이 꽤 다르다는 것을 피부로 느꼈을 것이다.

도쿄 사람과 오사카 사람, 나고야 사람이 함께 회식을 했다. 회식이 끝나고 계산할 때가 되어 도쿄 사람이 먼저 "내가 내겠다"고 말하자 오사카 사람은 "그럼 같이 내지" 하고 말했다. 그런데 나고야 사람은 아무 말도 하지 않았다는 에피소드가 있다. 지역에 따라 비즈니스 방식이 어떻게 다른지 단적으로 말해주는 사례라고 할 수 있다.

도쿄는 과거 에도 상인이 막부의 어용상인이 된 뒤로 크게 번성하였는데, 각 상인들은 자신에게 유리한 특권을 손에 넣기 위해 향응이나 리베이트 등을 제공하면서 경합을 벌였다. 도쿄 사람들이 돈을 호탕하게 쓰고 체면을 중시하는 것도 이 같은 에도 상인의 일처리 방식이 아직까지 남아 있기 때문일 것이다.

도쿄 근교에 집을 지을 경우 중부나 긴키 · 서부 지역 출신은 요코하마 쇼난 지구에, 동북부 출신은 사이타마 · 지바 방면에 많이 짓는다는 것도 재미있는 일이다.

지세(地勢)에 따라 기질의 차이가 생겨난다

일본은 산이 많은 나라이다. 섬은 작지만 산이 깊고 험하다. 상공에서 일본열도를 내려다보면 그것을 분명하게 알 수 있다. 산과 임야가 대부분이니 평야는 자연히 적을 수밖에 없다. 그리고 그 험난한 산이 육지를 둘로 나누고 있다. 태평양 쪽과 동해 쪽이다.

산과 함께 여러 가지 면에서 인간의 생활에 영향을 미치고 있는 것이 강과 바다이다. 특히 인류의 문화는 강과 함께 발전되어왔다. 일본의 지세는 산이 험하고 바다까지의 거리가 짧은 까닭에 물의 낙차가 크고, 따라서 강은 급류이다.

조치 대학의 시노다(篠田) 교수에 의하면 국민성은 강의 형태와 강물의 흐름과 많은 관계가 있다고 한다. 중국은 황허와 양쯔 강과 같은 큰 강을 따라 문화가 번성한 지역이다. 이들 강은 강폭도 넓고 물살도 거세지 않다. 중국인의 기질이 여유로운 것은 그 영향을 받았기 때문이라고 한다. 일본의 강은 급류가 대부분인데 일본인의 국민성 또한 그와 비슷하여 성급하다고 한다.

더욱이, 일본인이 부끄러움을 잘 타는 것도 같은 맥락에서 설명할 수 있다. 일본인의 선조는 원래 깊은 숲 속에서 살았고, 평야로 내려온 것은 오랜 역사에 비한다면 비교적 얼마 안 되는 일이라고 한다.

이와 같이 지세로 미루어본 일본인의 국민성은 과연 그렇다. 그렇다면 같은 일본에서도 지세에 따라 사람들의 생활방식이 다르고, 그 영향으로 기질 · 성격 등도 달라진다는 것은 충분히 이해가 되는 일이다.

바다는 인간에게 커다란 영향력을 미치는 자연계의 하나다. 늘 바다를 바라보며 사는 사람들과 산에 에워싸여 사는 사람들의 사고방식이 다를 것은 너무도 자명하다.

바다를 바라보며 사는 사람은 생각하는 스케일도 클 것이다. 요시다 쇼인이나 사카모토 료마도 바다를 보며 자라났다. 쇄국 속에서 세계 속의 일본을 생각했던 것은 바다가 있기 때문이 아니었을까?

아울러 바다에 접해 있는지 산이 가까이 있는지에 따라 먹는 음식이 다르고, 이것 또한 사람에게 많은 영향을 미친다. 가와시마 시로(川島四郎) 영양학 박사에 의하면 해변 사람들은 늘 신선한 어패류를 먹기 때문에 단백질과 칼슘을 충분히 섭취하며, 그것은 강인한 체격과 체질을 만드는 데 많은 도움이 된다고 한다. 따라서 해변에서 자랐는지 여부는 사람을 파악하는 하나의 중요한 열쇠가 된다.

바다가 없는 지역에서 자란 사람들은 거꾸로 바다에 대한 동경심을 가지고 있다는 견해도 있다. 내륙 지방에서 태어나고 자라 지금도 그곳에서 생활하고 있는 나의 친구만 해도 틈만 있으면 바다에 나가 낚시를 즐긴다.

이것은 도시에서 자란 사람이 산을 동경하고 산사나이가 되는 경우가 많은 것과 지역적으로 정반대의 관계이다. 자신의 주위에 없는 것을 추구하는 것은 인간의 본성인 듯하다.

기후와 풍토로 인한 기질의 차이

앞에서 살펴보았다시피, 일본은 지형이 복잡한 만큼 그 기후와 풍토도 다양하다. 일반적으로 비와 습기가 많은 일본의 기후는 식물의 생육에 적당하여 벼농사를 많이 지었는데, 이는 잡초와의 전쟁도 의미하고 있었다.

와쓰지 테쓰로(和辻哲郎) 박사의 『풍토』라는 작품은 1935년에 출간된 이래 문화인류학의 원전으로 불리는 명저이다. 이 책에서 와쓰지 박사는 "유럽에 잡초가 없다는 것은 놀라운 일이었다"고 기술하고, 또 "지중해는 빈약한 바다다(물고기가 적다)"라고도 언급하고 있다(우리의 바다는 어장이고 외국과의 장벽이기도 했는데, 지중해는 교통로였다).

더구나 유럽의 겨울은 기온이 낮으나 일본의 '몸에 스며드는 추위'와는 사뭇 다른 '쌀쌀함'이라고 지적하고 있다.

와쓰지 박사는 같은 자연조건이 좋든 싫든 일본인의 기질에 다양하게 영향을 미치고 있는 것으로 파악한다. 예를 들면 수용적 · 복종적이라든지, 돌발적이고 지속력이 없다는 말을 듣는 것이 그것이다.

또한 우리는 수용성과 복종성을 가진 한편—그것은 대륙적인 대범함이 아니다—또 다른 면에서 바뀌기 쉬운 일면도 가지고 있는데, 그것은 사계절의 변화가 뚜렷한 데 대한 대응이라고 본다. 주위의 변화를 받아들이면서 그것들에 민감하게 반응하고, 활발하게 활동하는 일본인의 국민성을 명쾌하게 설명하고 있는 것이다.

이상은 유럽이나 아시아 대륙 사람들과 비교하여 일본인의 특성을 짚어내려는 실험이라고 할 수 있다. 그렇다면 당연히 일본 국내에서도 기후와 풍토에 따라 기질의 차이가 생긴다고 생각해도 좋지 않을까?

아주 간단하게 말하자면 다음과 같다. 자연 조건이 척박한 지역의 사람들은 그만큼 민감하게 반응하기 쉽고, 비교적 온난하여 생활하기 편안한 지역의 사람들은 보다 수용적이다.

이것은 내가 오랫동안 컨설턴트로서 같은 업종, 같은 규모의 기업 경영 개선과 생산성 향상을 도우면서 체험한 것이기도 하다.

예를 들어 니가타 · 도야마 · 야마나시 · 나가노 등에 있는 기업에서는 민감한 반응을 보이고 효과도 현저했는데, 이곳보다 기후가 온난한 지방에서는 같은 활동을 해도 그다지 적극적으로 받아들이려 하지 않았다. 처음에는 이런 지역성을 모른 채 고민하면서 여러 가지 방식을 실험해보기도 했지만, 결국 그 지역적인 특성에 크게 좌우된다는 것을 깨닫게 되었다.

일본의 전통적인 국기(國技)인 스모는 프로 스포츠 중에서도 특히 엄격한 연습과 수행을 필요로 한다고 한다. 요코즈나, 오제키 등으로 대성하는 선수 중에 북쪽 지방 출신이 많은 것도 그런 엄격한 연습과 수행을 할 수 있는 소질이 북쪽 지방의 기후와 풍토에서 배양되었기 때문일 것이다.

과학과 기술이 진보함에 따라 사람들도 자연의 엄격함에서 해방되어가고는 있지만, 그래도 기후와 풍토는 여전히 무시할 수 없는 영향을 끼치고 있다.

태평양과 동해로 나뉘는 기질의 차이

기후에 있어서 가장 대조적인 차이를 보이는 곳은 태평양 연안과 동해안이다. 특히 겨울에 대륙에서 불어온 차가운 계절풍은 일본 알프스 산 등 중앙 고지에 부딪쳐 동해안으로 많은 눈을 내리게 한다. 그러나 같은 시기 태평양 연안은 맑고 건조한 날이 이어진다.

눈에 파묻힌 한겨울 동해안 지역 사람들의 생활은 태평양 연안 지역에서는 상상할 수 없는 것이다. 거기에는 차분한 조용함이 있다. 눈은 모든 소리를 빨아들인다. 설국의 사람들, 특히 여성의 피부가 하얗고 고운 것도 일조 시간이 짧고 공기에 습기가 많은 지역적인 특징 때문일 것이다. 반면에 태평양 연안 사람들의 피부는 건조하고 거칠다.

두 지역 사람들의 차이는 신체적인 것뿐만 아니라 내면적인 측면에서도 확연하게 나타난다.

동해안 사람들은 일반적으로 끈기, 근면, 내향적, 생산력 등의 특징을 보인다. 그러나 같은 동해안이라고 해도 북쪽 아오모리 현에서 서쪽의 야마구치 현 산인까지 동해안을 형성하는 12개의 부현(府縣)

은 제각기 모두 차이가 있다. 예를 들면 도야마 · 후쿠이 사람들은 적극적이고 장사 수완이 뛰어난데, 돗토리 · 시마네 · 이시카와 사람들은 소극적이라는 평을 듣는다.

동해안 지역에 공통되는 것은 역시 태평양 연안 지역에 대한 동경심일 것이다. 일반적으로 동북 지방의 아키타 · 야마가타 · 니가타 · 도야마에서 돈벌이를 위해 태평양 연안의 남쪽으로 가는 사람이 많고, 이 현상은 태평양 연안의 북쪽에 있는 이와테 · 미야기 · 후쿠시마에도 공통된 현상이다.

이것은 물론 겨울철 농한기에 수입을 보충하려는 목적이지만, 밑바탕에는 역시 밝고 맑은 날씨의 태평양 연안에 대한 동경심이 있다는 것도 간과할 수 없을 것이다.

도쿄 대학의 기무라 쇼사부로(木村尙三郎) 교수는 유럽의 알프스 이북 지역에 살고 있는 게르만 민족들은 알프스 남쪽에 대해 대단한 동경심을 가지고 있고, 그것이 민족간 분쟁의 한 원인이 되고 있다고 분석하고 있는데, 일본 동해안 지역에 살고 있는 사람들의 심리도 이와 비슷하다는 생각이 든다.

특히 야마구치 현은 동해안과 태평양 연안의 두 얼굴을 모두 가지고 있는 지역이라고 할 수 있다. 메이지 대학의 소후에 다카오 교수에 의하면 "같은 야마구치 현에서도 산인 쪽은 진지하고 강건하며 조용한 데 비해, 산요 쪽은 훨씬 사교적이고 인간관계가 엉성하다는 평을 듣는다"고 한다. 곰곰이 생각해보면 수긍이 가는 면이 많을 것이다.

산인과 산요는 승용차로 한 시간 정도면 닿을 수 있는 가까운 지역이지만 기후와 인품에서 많은 차이를 보이고 있다. 산요가 맑고 화창

한 날씨일 때 산인은 눈발이 날린다. 마치 동해안과 태평양 연안의 축소판을 보는 듯한 기분이 드는 것이다. 효고 현의 고베와 기노사키도 비슷한 경우라고 할 수 있다.

이처럼 동해안과 태평양 연안의 지역적인 차이가 사람에게 미치는 영향을 알아둔다면 사람을 좀더 정확하게 파악할 수 있을 것이다.

시대는 변해도 뿌리 깊게 살아 있는 국가적 특색

도메이(東名, 도쿄와 나고야를 잇는 일본의 주요간선도로) · 메이신(名神, 나고야와 고베를 잇는 일본의 주요간선도로)을 비롯한 고속도로가 정비되고, 도카이도 · 산요 · 도호쿠 · 조에쓰 등의 신칸센 개통과 제트 여객기의 보급으로, 지금은 전국 각지를 지극히 짧은 시간으로 누빌 수 있게 되었다. 조금만 무리하면 어디든 당일로 다녀올 수 있게 된 것이다.

과연 이 같은 교통의 발달이 일본 각지의 지역성에 어떠한 영향을 주었을까?

TV와 전화, 컴퓨터가 널리 보급된 오늘날은 최신 정보가 순식간에 전국 구석구석까지 전해진다. 특히 TV의 보급으로 홋카이도든 오키나와든 영상이 담긴 표준말을 접하게 됨으로써 심한 사투리는 쓰지 않게 되었다는 사람들도 있다.

냉장고와 냉동식품의 보급으로 산간 지방에서도 회를 먹을 수 있게 되었고, 난방기구와 주택 구조가 개선되어 극심한 추위에서 벗어날 수 있게 되었다. 문명의 이기와 과학 기술의 발달로 인해 지역 격차가 굉장히 많이 줄어든 것이다.

또한 최근 들어서는 도쿄, 오사카 같은 대도시로 밀려들던 사람들이 대도시의 과밀화에 따른 생활환경의 악화와 폭발 직전의 교통 체증 등을 견디지 못하고 지방으로 되돌아가는, 예전과는 전혀 다른 현상을 보이고 있다.

즉 바야흐로 전국 어디에서나 대도시 못지않은 편리한 생활을 누릴 수 있게 되면서 그만큼 대도시에 대한 매력을 잃어가고 있는 것이다. 요즘 들어서 '지방 시대' 라는 말이 유행하게 된 것은 이러한 배경이 있기 때문이다.

예전에는 최고의 것을 갖고 싶으면 도쿄로 가야만 했다. 아니, 도시로 나가지 않으면 먹고 살아가는 일조차 여의치 않았다. 게다가 교육, 문화, 정보 등 모든 것이 도쿄나 오사카 같은 대도시에 집중되어 있었다. 하지만 지금은 대부분의 것들을 지방에서도 손쉽게 접할 수 있다. 뿐만 아니라 대도시와 비슷한 생활수준을 영위하면서 대도시에서는 쉽게 접할 수 없는 아름답고 풍요로운 자연과 따뜻한 인정이 있으니 지방 도시에서의 삶이 재조명되는 것은 어쩌면 당연한 것인지도 모른다.

교통과 통신의 발달은 소비 물자와 정보를 전국 각지로 침투시켰지만, 그 때문에 지방의 고유한 특색이 사라지지는 않을 것이다. 오히려 지역적인 특성이나 그곳에서 삶을 영위해 나가는 사람들의 고유성은 앞으로도 계속 뿌리 깊게 이어질 것이라고 생각된다. 물론 그러기 위해서는 각 지방의 자연환경과 입지 조건, 그리고 그와 더불어 살아가는 인간의 지혜를 조화롭게 발전시키는 노력이 앞서야 할 것이다. 그 조화를 잘 이루어낸 지방은 번성할 것이고 그렇지 못한 지방은 그 반대의 길을 걷지 않을까?

나가노 현의 관광산업과 정밀기계공업, 쓰쿠바 현의 쓰쿠바 연구학원도시, 규슈의 일렉트로닉스 관련 공장 등의 앞날을 주목해보면 그 해답을 찾을 수 있을 것이다.

주거지역과 상가지역으로 파악한다

같은 도쿄에서도 주택지역과 상가지역은 그 느낌이 사뭇 다르다. 마루노우치와 긴자 등의 도심을 끼고 동쪽과 북쪽에 위치한 시타마치는 도시의 저지대로 상공업 및 상가가 밀집한 지역이고, 서쪽과 남쪽을 차지하는 야마노테는 주택이 밀집한 지역이다.

에도 시대에 야마노테에는 무사들이, 시타마치에는 소시민들이 살았다. 야마노테는 메이지 이후 사쓰마(薩摩) · 초슈(長州) · 토사(土佐) 등의 무사가 속속 이사를 하면서 공무원과 군인들의 거리가 되었다. 전후에는 주택지가 서와 남으로 이어지고, 주로 화이트칼라의 베드타운을 형성하여 지금에 이르고 있다.

시타마치는 메이지 이후 상인과 장인들의 거리가 되었는데, 지금도 이 지역 사람들은 솔직하고 의리와 인정을 중시하며, 실용주의적인 사고방식을 갖고 있다. 물가가 야마노테보다 싼 것도 지역적인 기질과 관련이 있다고 할 수 있다.

택시 운전기사에게 들은 이야기인데, 경기가 안 좋을 때 사타마치의 택시 승객은 여지없이 줄어든다고 한다. 반면에 경기가 좋을 때는 중소기업 사장이나 상점 주인과 같은 승객들이 슬리퍼를 끌고 택시를 잡는 광경을 흔히 볼 수 있다. 그만큼 시타마치에서는 야마노테보다 주머니 사정에 민감하다. 그러면서도 "잔돈은 넣어두세요" 하고 말하는 쪽은 시타마치 사람들이다. 야마노테 사람들은 몇 푼 안 되는 잔돈까지도 틀림없이 거슬러 받는다. 이것으로도 시타마치의 기질, 이른바 에도인 기질이 전해져 내려오고 있음을 알 수 있다.

야마노테 사람들은 시타마치 사람들이 저속하고 조잡하다고 생각하고, 시타마치 사람들은 야마노테 사람들이 잘난 체하고 연약하다고 생각한다.

그래서인지 같은 도쿄에 있으면서도 이 두 지역 사람들은 좀처럼 서로 발걸음을 하지 않는다. 어쩌다 일이 있어 간다 하더라도 불편한 기색이 역력하다. 그렇지만 최근에는 시타마치 공장 근처가 재개발되어 고층 아파트가 들어서면서 야마노테와 시타마치의 특색도 점점 약해져가고 있는 듯하다.

야마노테와 시타마치 사람들의 차이를 말해주는 에피소드가 하나 있다.

대기업의 젊은 비즈니스맨인 A와 B가 오사카로 장기 출장을 갔을 때의 이야기이다. 두 사람에게 오사카의 인상을 물었더니 서로 상반된 이야기를 하는 것이었다.

A : 오사카는 어딘지 시끌시끌한 게 안정된 느낌이 없고, 장사하는 방식도 악착스럽게 느껴졌습니다. 도쿄에 돌아오니 비로소 안심이 되었습니다.

B : 오사카에는 처음 간 것인데 서민적이고 정겨운 느낌을 받았습니다. 도쿄보다 빨리 사람들과의 거리감이 사라지는 기분이 들어서 좋았습니다.

A는 야마노테에서 자랐고, B는 시타마치에서 컸기 때문에 이런 상반된 느낌을 받았던 것이다. 물론 남쪽과 북쪽의 지역 차가 있기는 하지만, 오사카 역시 상업도시의 성격이 강하기 때문에 B가 성장한 도쿄의 시타마치와 상통하는 부분이 있었던 것이다.

주택가인지 상점가인지도 사람을 알 수 있는 하나의 단서

어느 마을이든 야마노테와 시타마치의 축소판은 있게 마련이다. 적어도 사람들이 모여 사는 동네라면 상점가와 주택가가 형성되어 있는 것이다.

상점가 사람들은 일반적으로 축제처럼 왁자한 것을 좋아하여, 야마노테에 있는 상점가에서도 '시타마치 정서'가 느껴진다. 그만큼 사람들의 관계가 끈끈하고 단결심도 강하다. 반면에 주택가에 거주하는 사람들은 대인관계가 희박하고 개인주의적 성향이 강하다.

예전에는 주택가에서 거주하는 사람들은 대개 인텔리였고, 아이들도 예의 바르고 몸가짐도 엄격했다. 상점가 사람들은 잘해야 상업학교를 졸업한 정도가 대부분이고, 아이들도 개구쟁이들이 많았다. 물론 지금은 이와 같은 차이는 보이지 않는다. 오히려 상점가의 아이들은 열심히 일하는 부모의 모습을 보고 자라는 만큼 심지가 단단한데, 주택가의 샐러리맨 가정에서는 부모 자식간의 대화가 갈수록 적어지면서 여러 가지 문제가 생겨나고 있다.

최근에는 도쿄 근교의 신흥 도시에 백화점이나 대형 할인매장이 진출하여 새로운 쇼핑가를 형성하고 있다. 기치조지, 쓰다누마, 가시와, 마치다 등이 그 예이다. 도쿄의 주택가가 포화 상태가 됨에 따라 거주지역이 수도권까지 확대되면서, 그들을 대상으로 하여 주변에 중간 규모의 소비지구가 형성된 것이다.

이런 교외형 대형 점포는 도심의 백화점과는 달리 현지인들과의 관계가 매우 강한 것이 특징이다. 형태는 다르지만 예전의 현지 상점가와 비슷한 요소가 있다고 할 수 있다.

상점가는 '현지 밀착형' 이 아니면 번성할 수 없다. 따라서 상점가를 형성하는 사람들도 당연히 지역과의 관계가 강해지지 않을 수 없는 것이다. 그래서 특정 지구의 고참은 아무래도 상점가에 많아진다. 또 부모로부터 가업을 이어받은 상점 사람들은 물론, 장사를 포기하고 샐러리맨이 된 사람들도 토지에 대한 집착만큼은 매우 강하다.

이에 비해 주택가 사람들의 사고는 매우 경쾌하다. 샐러리맨에게 전근은 늘 있는 일이고, 회사의 결정에 따라 홋카이도에서 오키나와로, 심지어 외국으로도 날아가지 않으면 안 되는 터이니 토지에 애착을 가지는 것은 무리이다. 그러니 아파트나 연립주택은 물론 단독주택이라도 5년 정도 지나면 입주자가 바뀌는 경우가 흔한 것이다.

결론적으로, 상점가 사람들은 아무래도 살고 있는 세계가 좁다. '우물 안 개구리' 가 되기 쉬운 것이다. 이에 비하면 주택가 사람들은 어떤 환경에도 쉽사리 적응한다. 이런 기질은 기동적이지만 주체성 없다는 평가를 받기 쉽다.

부모의 생각을 보고 알 수 있는 자녀의 성격

아이는 부모의 거울이라는 말이 있다. 또 며느릿감을 보려면 그 어머니를 살펴보라는 말도 있다. 그만큼 아이는 유전적으로 환경적으로 부모의 절대적인 영향을 받는다는 의미일 것이다. 바흐의 가계에는 뛰어난 음악가가 많고, 범죄자의 가계에는 범죄자가 많이 나온다고 흔히 말하는 것도 이와 같은 맥락이라고 볼 수 있다.

하지만 세상에는 반드시 그렇다고 단정 지을 수만은 없는 면도 있다. 1980년도에 신문을 크게 장식한 금속 방망이 사건을 상기해보라. 재수하던 아들이 야구방망이로 부모를 살해한 이 사건은 온 일본 열도를 경악케 했다. 특히 아버지는 도쿄대, 형은 와세다대를 졸업한 이른바 엘리트 집안에서 일어난 일이기에 그 충격은 더욱 컸다. 또 학자 집안인 명문 가정에서 손자가 할아버지를 살해하는 참사가 일어나기도 했다.

이것은 풍요로운 시대에 심리 상태 왜곡에 의한 현대인 특유의 현상이라고도 볼 수 있지만, 어찌 보면 집안의 풍토나 분위기가 그렇게 만든 측면도 없지 않다. 예로부터 부모가 지나치게 엄격하면 오히려 아이가 비뚤어진다는 말도 있음을 상기해보라. 학교장이나 경찰관 가정에서 비행 청소년이 나오는 것은 예전에도 그렇게 드문 일이 아니었다.

그 반대로 '개천에서 용이 나는 일' 도 있다. 형편없는 부모를 둔 아이가 모범적으로 성장하여 세상을 깜짝 놀라게 하는 일도 종종 있는 것이다.

그렇다면 부모를 보고 아이의 됨됨이를 파악하는 것은 무리가 있다는 논리도 성립되겠지만, 그래도 역시 좋은 참고가 된다는 것을 부인할 수 없다.

그렇다면 어떤 유형의 부모가 아이에게 긍정적인 영향을 미칠까? 다음은 여러 사례를 분석하여 나름대로 정리해본 것이다.

- 극단적인 방임, 특히 아이에게 무관심한 것은 좋지 않다. 냉정해 보이는 부모는 주의를 요한다.
- 극단적인 응석받이를 만들거나 과잉 간섭을 하는 것도 좋지 않다. 이 경우는 감정적으로 히스테릭한 느낌을 준다. 부모가 자기중심적 경향을 보일 경우, 아이는 정신적인 왜곡을 겪게 될 확률이 높다.

따라서 부모를 보고 아이의 됨됨이를 파악하고자 할 경우, 사회적인 지위나 재산, 외모보다는 내면적인 '됨됨이' 를 주의 깊게 관찰해야 한다. 마음의 결속보다 체면을 중시하는 부모 밑에서 자란 아이는 잠재적 저항을 하게 되고, 사회생활을 하면서도 대인관계에서 여러 가지 트러블을 일으키는 경우가 많다.

교풍, 사풍으로 식별하는 인품

나는 학력으로 사람을 판단하는 것을 싫어한다. 초등학교밖에 나오지 못한 사람 중에도 훌륭한 사람은 헤아릴 수 없이 많고, 대학을 나와도 쓸모없는 사람은 얼마든지 있다. 더구나 요즘처럼 대학이 많은 세상에 '대학을 나왔으니까', '○○대학 출신이니까' 하는 진부한 기준으로 사람을 판단하는 것은 더더욱 설득력을 갖지 못한다.

그럼에도 불구하고 학력으로 사람을 판단하는 경우가 허다한 것이 현실이다. 가장 대표적인 예가 관공서이다.

관료 사회에서 도쿄 대학 출신이 위세를 떨치고 있다는 것은 누구나 알고 있는 사실이다. 도쿄 대학 이외에는 교토 대학 출신이 약간 섞여 있는 정도이다. 사립대학 출신은 극히 드물고, 고졸 출신 고급 관료는 전무하다.

민간 회사에서는 관공서와 같은 일은 없다. 대학을 나오지 않아도 최고경영자가 되는 사람이 있고, 고학력임에도 찬밥 신세인 사람도 있다. 민간 회사에서는 이윤 창출이 주목적이기 때문에 그만큼 인재

등용에 있어서도 개방적이고 실력 위주의 색채가 강할 수밖에 없다.

하지만 민간 회사에서도 뚜렷하게 학벌을 형성하는 회사가 있다. 이것은 같은 학교 출신이라면 사고방식을 비롯하여 여러 가지가 잘 통하고 안심할 수 있다는 심리가 작용하고 있기 때문일 것이다.

특히 미쓰이 그룹은 게이오 대학 출신이, 미쓰비시는 도쿄 대학 출신이 압도적으로 많은 것은 역사적 배경이 있어 보인다. 미쓰이는 예전부터 게이오 대학과 인적 · 자금적인 관계가 깊고, 미쓰비시는 창업자 이와사키 야타로(岩崎彌太郎) 시대에 정 · 경적 색채가 강했기 때문에 관청을 닮아 도쿄 대학 출신이 많을 거라는 판단이 가능하다. 지금도 '인재는 미쓰이' '조직력은 미쓰비시' 라는 말이 있듯이, 미쓰이에는 개인적 능력으로 일을 하는 사람이 많고, 미쓰비시에는 조직력으로 일하는 풍조가 강하다.

이밖에 와세다는 자유분방한 교풍이, 게이오 대학은 도련님 기질의 교풍이 전통적으로 내려오고 있다. 또 릿쿄 대학 출신 중에는 연예계에서 성공한 사람이 많고, 호텔관광업계에 종사하는 사람들도 많다. 건설업계 최고경영자 중에 니혼 대학 출신자가 많은 것도 재미있는 일이다.

이와 같이 각각의 학교에는 고유의 교풍이 있고, 학생들은 자기가 선택한 학교의 색에 물들어간다.

교풍이나 사풍을 알아둔다면, 신입사원을 채용할 경우 회사에 잘 맞는 인물인지 아닌지 좀더 정확하게 판단할 수 있을 것이다.

친구 관계로 알 수 있는 진정한 모습

학력이나 교풍, 사풍이 어느 정도 사람을 보는 데 참고가 되는 것은 사실이지만 여기에는 개인차가 있으므로 획일적인 잣대로 판단하는 것은 위험하다.

사람을 파악하는 가장 정확한 방법은 친구 관계를 보는 것이다. 예로부터 유유상종이라는 말이 있듯이, 친구를 보면 대개 그 사람의 진정한 모습을 알 수 있게 된다.

나쁜 사람의 주위에는 나쁜 사람들이 모여들고, 성실한 사람은 성실한 사람들과 교제를 하는 것이다. 경계심이 강한 사람은 좀처럼 타인에게 마음을 터놓지 않기 때문에 친구가 적고, 설령 많더라도 깊은 관계를 유지하는 것이 불가능하다.

다만 비슷한 사람끼리 모인다고 해도 이것은 주로 생활 수준이나 지식 수준, 가치관이 그렇다는 것이지, 성격이나 행동양식에서는 반드시 그렇다고 할 수 없다. 오히려 자신에게 없는 것을 추구하는 편이 일반적이다. 성격이 밝고 리더십이 있는 사람 주위에 점잖은 사람들이 모여드는 것도 이런 심리가 작용했기 때문이다. 하나의 그룹에 리더가 여러 사람이 있다면 배가 산으로 올라간다는 것을 알고 있는 것이다.

여성의 경우에 재미있는 일은, 미인끼리 친구가 되는 경우는 거의 없다는 것이다. 본능적으로 반발심이 작용하고 있기 때문이다.

그렇지만 신뢰하는 사람의 친구는 신뢰할 수 있다고 생각해도 좋고, 엉터리에다 게으른 사람을 친구로 둔 사람은 본인도 마찬가지라고 생각하면 일단 틀림이 없다. 성격은 각자 달라도 사물을 판단하는 기준이나 가치관은 공통되므로 이것이 일치하지 못할 경우는 친구 관계도 오래가지 못하기 때문이다.

친구를 어떤 각도에서 보는지는 이 책에서 제시한 포인트, 즉 복장과 태도, 금전 감각, 취향 등에 준해서 판단하면 된다. 본인과의 사이에 반드시 공통되는 부분을 발견하게 될 것이다.

Human Relations

05

취향으로 꿰뚫어본다

음악의 취향으로 알 수 있는 인간성

오늘날 우리가 즐기는 음악의 장르는 클래식, 재즈, 포크, 민요, 가요 등 아주 다양하다. 그만큼 음악을 즐기는 사람들의 취향도 다양할 수밖에 없다. 음악의 각 장르는 고유의 특징이 있으므로 그것을 선호하는 사람의 성격도 천차만별이라고 할 수 있다. 따라서 음악적 특징에 따른 개인적인 취향으로 어느 정도는 그 사람의 성격을 파악할 수 있을 것이다.

첫 번째로 리듬이다. 리듬감을 중요시하는 음악, 예를 들면 록, 행진곡, 흥을 돋우는 축제 민요 등을 좋아하는 사람은 일반적으로 원기 왕성하고 성격이 밝으며 서민적인 사람이다. 록과 민요를 함께 거론하는 것은 어쩐지 어울릴 것 같지 않다는 생각을 할지 모르겠지만, 일부 지방의 민요 리듬에는 재즈나 록 리듬과 맥이 통하는 부분이 있다.

이 타입의 음악을 좋아하는 사람은 대인관계도 원만하고 화려한 것을 좋아한다. 또 기분파이고 이성보다 감정으로 모든 것을 판단하려 한다. 평소에는 늘 기분이 좋은 편이지만 일단 화가 나면 물불 안 가리는 성격이기도 하다.

두 번째로 멜로디와 하모니이다. 클래식과 샹송, 대중적인 무드음악이 특히 이런 특징이 강하다. 이런 음악을 좋아하는 사람은 조용한 음악의 멜로디와 하모니의 아름다움을 즐기며, 섬세한 신경과 우아한 감각을 지녔다. 반면에 까다롭고 잘 따지는 습관이 있다.

신경이 섬세하니 정에 약할 것이라는 생각은 금물이다. 신경이 섬세한 만큼 무슨 일이든 깊이 생각하는 타입이다. 일반적으로 학구적이고 내성적인 사람이 많다.

세 번째로 장조와 단조가 있다. 말할 것도 없이 장조는 밝고 단조는 어둡다. 민요와 가요의 대부분은 애조를 띤 단조가 많다. 대중가요에 많이 나오는 가사를 빈도 순으로 살펴보면 울음, 눈물, 밤, 꿈, 연모, 꽃, 바람, 이별, 비, 등불, 외로움, 슬픔, 떠남, 사랑, 먼 곳, 미련, 안개, 죽음, 고향, 나 홀로의 순이라고 한다.

이것으로도 알 수 있듯이, 일본의 가요에는 압도적으로 어두운 이미지의 가사가 많다. 예로부터 있어온 자장가나 노동요에도 단가가 많았던 점으로 미루어볼 때, 일본인은 원래 감상적인 민족인지도 모르겠다.

그러므로 단조의 노래를 좋아하는 사람은 일반적으로 비관적, 서정적인 사람으로 보는 것도 가능할 것이다. 거꾸로 '슬픔을 즐기는 면' 도 있어 일종의 스트레스 해소가 되는 것으로 보인다.

회화적인지 언어적인지로 머리 구조를 알 수 있다

음악에 대한 취향으로 성격을 파악하는 것은 음악을 즐기는 사람에 국한된다. 그중에는 음악에 익숙지 못한 사람도 있는 것이다. 하지만 그런 사람들은 그림을 좋아한다거나 독서를 좋아하는 등 또 다른 면의 취향을 가지고 있는 것이 일반적이다.

이번 항목에서 말하는 회화적 · 언어적 분류란 사물을 생각하고 느끼고 사람에게 전할 때에 회화적으로 표현하는지, 아니면 단순히 언어적으로 표현하는지의 여부를 말한다. 이것은 '아날로그인지 디지털인지' 하는 분류에 가까울지 모른다.

일반적으로 TV 세대나 만화 세대는 회화적이고, 중년 이상은 언어적이라고 할 수 있다. 물론 같은 세대에서도 각각 반대 영역에 속하는 경우도 있다. 젊은이 중에도 언어적인 사람이 있는가 하면, 중년 이상에서도 회화적인 사람은 많다. 또 두 가지 모두에 뛰어난 사람도 있고 모두 못하는 사람도 있을 것이다.

회화적인 사람은 직감이 뛰어나고 행동적이다. 하지만 깊이 생각하거나 문장으로 표현하는 것은 서툴다. 글쓰기를 잘 못하는 사람은 일단 회화적인 사람으로 볼 수 있다.

언어적인 사람은 매우 분석적이고 사색적이지만 행동은 서툴다.

학창 시절 내내 필기시험으로 보낸 화이트칼라 중에 특히 후자와 같은 타입이 많다. 최근의 연구 결과에 의하면 이것은 인간의 머리 구조에 기인하는 것이라고 한다.

1981년도 노벨 의학 · 생리학상을 수상한 미국의 로저 스페리(Roger Wolcott Sperry) 교수는 인간의 대뇌반구의 기능적 분화 연구로 유명하다. 좌뇌에는 언어나 계산의 기능이, 우뇌에는 음악 · 회화 · 직감 등의 기능이 있다는 것을 분명히 밝혀낸 것이다. 도쿄대 치과대학의 쓰노다(角田) 교수 등은 좌뇌와 우뇌의 기능 차이나, 좌우 뇌를 연결하고 있는 뇌량(腦梁)이라는 신경섬유의 활동에서 문화의 차이까지도 해명하려는 실험을 하고 있다.

뇌의 활동에 대하여는 아직 밝혀지지 않은 부분이 많고 추측의 영역을 벗어나지 못하는 것도 있지만, 여기에서 말하는 회화적 · 언어적 취향의 문제도 뇌 사용법의 차이에서 오는 것이라고 할 수 있다.

기억력은 뛰어나게 좋은데 융통성이 전혀 없거나 응용력이 부족한 사람은 좌뇌의 훈련이 잘된 반면에 우뇌의 활동이 약한 경우라고 볼 수 있다.

여기에서는 편의상 언어적이라는 용어를 썼지만 이것은 기억 · 계산 · 서술의 의미를 포함한 것으로, 요컨대 '컴퓨터로 치환하는 일을 잘하는 것'이 언어적인 것이다. 같은 문자를 사용하는 경우에도 시나 문학 분야는 회화적 요소를 다분히 포함하고 있다.

데이터와 느낌으로 알 수 있는 인간의 기량

유난히 수학에 강한 사람을 본 적이 있을 것이다. 그런 사람은 다양하게 자료를 모으고 계산하고 분석하는 일에 능하다.

전후 미국에서 여러 가지 경영관리 기법이 도입되면서 우리들은 데이터의 중요성을 훈련받아왔다. 데이터의 중요성은 아무리 강조해도 지나치지 않다. 숫자 없이 기업을 경영하는 것은 레이더 없이 제트기를 조종하는 것과 마찬가지다. 숫자에 강한 것은 오늘날 비즈니스맨의 필수조건이다.

하지만 숫자에 강한 것만으로는 부족하다. 실생활에서는 숫자에는 그다지 강하지 못해도 느낌에 의지해서 대단한 힘을 발휘하는 사람도 있다.

예를 들면, 경험이 없는 사람이 계량컵으로 조미료의 분량을 재면서 만든 요리는 일류 요리사가 느낌으로 만든 요리를 당해낼 수가 없다. 아마추어가 꼼꼼히 자로 재가면서 만든 가구보다 프로 목수가 느낌으로 만든 것이 훨씬 튼튼하고 멋지다. 초보 세일즈맨이 데이터를 기초로 매뉴얼대로 판매했을 때보다 베테랑 세일즈맨이 느낌으로 고객에게 다가갔을 때가 훨씬 성과가 좋은 것이다. 또 경영 분석에 의한 판단에 의해서보다 경영자의 느낌으로 거래처 자금이 회수 불가능한 사태에 처하는 것을 방지하는 경우는 자주 있는 일이다.

그렇지만 숫자에 약한 사람은 강한 사람보다는 아무래도 판단이나 예측을 하는 데 있어 뒤떨어지는 것이 사실이다.

문제는 그 다음이다. 오늘날과 같은 혼돈의 시대에는 모든 일이 이치대로만 되지는 않는다. 여러 가지 복잡한 요소가 작용하여 전혀 예측하지 못한 결과를 낳기도 하는 것이다. 데이터를 아무리 상세하게 분석한다 해도 미처 생각지도 못한 오류가 있거나 누락된 부분이 있을 수 있다. 그러나 숫자의 함정에 빠져버린 사람은 자신이 가지고 있는 데이터가 절대적이라고 착각한다.

또 이런 경우도 있다. 잘 팔리리라고 확신하고 발매한 상품이 전혀 인기가 없거나, 반대로 팔리지 않을 것이라고 생각되던 상품이 폭발적으로 팔리기도 한다. 세상은 그래서 재미있는 것이다. 모든 것이 컴퓨터의 계산대로라면 그렇게 재미없는 일도 없을 것이다.

아예 데이터를 모으려고 생각조차 하지 않는 사람은 타인의 움직임에 우왕좌왕하기 십상이다. 이런 사람들은 아주 비참한 존재들이다. 평생 데이터를 모으지만 그것만으로 완벽하다고 안심하는 사람도 있다. 이러 부류는 우스꽝스러운 사람들이다.

우수한 경영자와 관리자는 예외 없이 숫자에 강하지만, 그들은 그 이상으로 '직감력'을 가지고 있다.

데이터는 분명 필요하지만 그것만으로는 충분하지 못하다는 것을 알고 있는 사람은 어떤 분야에서든 일류가 될 소질이 있다고 할 것이다.

잘하는 스포츠로 판단한다

최근 들어 운동을 전공한 사원을 채용하는 기업이 늘어나고 있다. 대장성(大藏省)에서도 스포츠맨을 채용하여 화제가 되기도 했다. 점수 벌레에 융통성 없고 협동심도 없는 수재보다는, 스포츠를 통해서 활력과 협동 정신을 몸에 익힌 사람이 사회인으로서는 훨씬 낫다는 취지에서일 것이다.

현대인이 즐기는 스포츠는 크게 두 가지로 분류해볼 수 있다.

첫째, 개인 경기와 단체 경기이다.

단체 경기를 잘한다면 그 사람은 앞에서 말했던 협동 정신이 몸에 밴 사람일 가능성이 높다. 개인 경기에 강한 사람이라면 자신과의 싸움이 주체가 되는 만큼 자기 의지가 강하다고 판단할 수 있다.

둘째, 구기 종목과 비구기 종목이다.

구기에는 야구 · 테니스 · 탁구 · 축구 · 럭비 · 배구 · 농구 등이 있고, 비구기 종목에는 육상 · 수영 · 유도 · 체조 · 씨름 · 검도 · 펜싱 · 레슬링 · 복싱 · 요트 · 보트 · 승마 · 자전거 · 등산 · 스키 · 스케이트 등이 있다. 골프는 공을 사용하는 스포츠이기는 하지만 다른 구기 종목과는 좀 다르다. 배드민턴이나 아이스하키의 경우는 다루는 것이 공은 아니지만 구기 종목과 거의 마찬가지로 취급해도 좋을 것이다.

구기 종목은 '움직이는 공'이 상대이다. 즉 타이밍이 아주 중요하다. 그래서 구기 종목을 잘하는 사람은 타이밍, 반사신경, 순간적인 판단력이 있다고 봐도 좋다. 비구기 종목 중에도 유도와 검도, 씨름 등은 호흡이 중요하기 때문에 구기 종목과 비슷한 감각이 필요할 것이다.

이에 비해 비구기, 특히 육상이나 수영 · 등산 등은 지구력을 필요로 한다. 따라서 이들 종목을 잘하는 사람들은 대개 지구력이 뛰어나다.

이처럼 어떤 스포츠든 간에 타이밍과 반사신경 등 순간의 집중력과 장기적으로 지속하는 힘을 필요로 하므로, 어떤 스포츠를 좋아하는지에 따라 적성을 파악할 수 있고 업무의 성격에 따라 적당한 인물을 배치할 수 있을 것이다.

그중에는 마라톤과 같은 장거리 레이스에도 강하고 야구에도 강한 만능선수형도 가끔씩은 있겠지만 어느 쪽으로든 치우치는 것이 보통이다.

스포츠에도 패션이라는 것이 있다. 조깅 붐, 테니스 붐, 골프 붐, 축구 붐 따위가 그것이다. 이런 붐을 타고 스포츠를 하는 사람은 진정한 의미의 스포츠맨이 아니다. 오히려 주체성이 없는 사람이라고 볼 수 있다.

이런 타입은 소비자로서는 고마운 존재이지만, 스포츠맨으로서는 일류가 될 수 없다. 무엇을 하든 한 가지를 오래 지속할 수 있는 사람을 높이 사야 한다.

비극적인지 희극적인지는 생각하기 나름

앞서도 언급했지만 일본인은 단조의 감상적인 노래를 좋아한다. 그것은 왜 그럴까? 그 이유를 알아내기란 좀처럼 쉬운 일이 아니다.

어쩌면 기후나 풍토와 관계가 있을지도 모른다. 고온 다습한 여름과 저온 건조한 겨울은 음울한 요소가 다분하다. 하지만 기후가 좋지 않은 지역은 세계 다른 곳에도 많다. 동남아시아의 열대 지방, 중동의 사막 지역, 적도 가까운 아프리카, 북유럽을 포함한 알프스 이북의 유럽도 절대 쾌적한 기후라고 할 수 없다.

일본은 사계절의 변화가 뚜렷하여 기후는 오히려 좋은 편이다. 적어도 북유럽에 비하면 일조 시간이 길고 그만큼 밝다. 그러니 어두운 분위기를 기후나 풍토만으로는 설명할 수 없다.

사회 기구는 어떨까? 농경 사회였던 일본에서는 집단에서 고립되는 것, 즉 따돌림을 당하는 것이 가장 두려운 제재였다. 그만큼 사회생활은 제약이 많았고 인내를 강요했다고 할 수 있다. 민주화와 공업화로 우리들은 많은 자유를 얻었지만 본질적으로는 옛날과 전혀 바뀌지 않은 부분도 있다. 이런 것이 일반적으로 일본인에게서 느껴지는 '어두움'의 원인이라고도 생각할 수 있다.

일본은 단일 사회였던 까닭에 여러 다른 나라들에 비해 비교적 평화롭게 살아온 민족이다. 이민족의 침략을 받은 일도 적고, 그 지배하에 놓인 적은 전무하다고 해도 좋다. 그에 비해 서유럽은 민족간의 분쟁이 끊이지 않았고, 타협을 용서하지 않는 가혹한 사회였다. 그럼에도 불구하고 서구인들이 유머에 넘치고 밝은 것은 왜일까?

이것은 참을 수 없는 상황에 놓이면 오히려 역으로 웃음에 구원을 청한다는 설을 가능하게 하는 현상이 아닐까?

일본인은 비교적 평온하게 살아온 만큼 가혹한 상황으로 내몰리는 일이 별로 없었다. 즉 그다지 유머의 필요성이 없었다는 뜻이다.

이상을 염두에 두고 이것을 개인의 견해로 옮겨보면 참 재미있다.

상식적으로는 비극적인 사람은 어둡고 희극적인 사람은 밝다고 생각할 것이고 실제로도 그렇다. 하지만 그것이 그 사람의 성격을 고스란히 나타낸다고는 단정 지을 수 없다.

혼자 온갖 짐 다 떠안고 고생이란 고생은 다 하는 것처럼 보이는 사람이라고 무조건 꼭 불행한 사람이라고는 할 수 없다. 오히려 훨씬 밝아 보이는 사람이 경우에 따라서는 행복하지 못한 경우도 많은 것이다.

비극의 주인공이라도 된 듯 자기함정에 빠져 슬픈 표정을 짓고 있는 사람이라도 사실은 타인이 보기에는 괜찮은 처지인 경우도 흔하다. 거꾸로 밝아 보이는 사람이 마음속에 상처를 끌어안고 있는 일도 적지 않다.

좋아하는 색으로 심리 상태를 엿볼 수 있다

마음이 들떠 있을 때는 밝은 색을 고르고, 피곤할 때는 그런 색을 피하게 되는 현상은 누구나 경험해보았을 것이다.

화려한 원색, 빨간색이나 녹색은 생리적으로 신경을 흥분시킨다. 반대로 차분한 색인 감색(紺色) 등은 신경을 안정시켜준다. 이에 대해서는 뒤에 상세하게 다루기로 하자.

연예인이 화려한 의상을 입고 비즈니스맨이 어두운 색의 양복을 입는 것도 이런 심리적 · 생리적인 작용에 의한 것일지도 모른다.

스위스 바젤 대학의 맥스 루셔 교수는 색에 대한 반응에 따라 심리적 · 생리적 상황을 알아보는 컬러 테스트를 개발하였는데, 환자의 치료와 상품의 컬러 컨디셔닝 등에 응용되고 있다고 한다.

나도 우연한 기회에 이 테스트를 알게 되었고 다른 심리 테스트의 보조 수단으로 사용해보았는데 놀라울 정도로 여러 가지가 적중하였다. 단 이 테스트는 외국인을 대상으로 한 데이터를 기초로 하고 있어서, 일본인 수천 명을 대상으로 다시 데이터를 만들고 분석하여 일본인을 대상으로 한 컬러 테스트로 바꾸었다. 현재도 실험적 · 보조적으로 사용하고 있는데 많은 참고가 되고 있다.

루셔 교수에 의하면, 인간의 생활은 원래 밤과 낮이라는 환경에 지배되고 있었다. 밤은 어두우므로 행동에 제한을 받아 가만히 있을 수밖에 없고, 날이 밝으면 나가서 식량을 구하였다. 이와 같은 자연의 영향으로 밤은 정지, 낮은 활동이라는 패턴이 생겨났다. 낮과 밤의 환경에서 떠오르는 색은 밤하늘의 다크블루와 낮의 브라이트 옐로이다. 따라서 다크블루는 정지와 비활동의 색이고, 브라이트 옐로는 희망과 활동의 색이다.

원시인의 활동은 대개 '쫓아가서 공격을 할지', '쫓기면서 공격에서 몸을 보호할지' 두 가지 패턴으로 나눌 수 있다. 공격은 일반적으로 빨간색, 방어는 그 보색(혼합하면 색이 없어져버릴 때의 다른 색)인 녹색으로 나타났다고 한다.

빨간색으로 연상되는 것은 불, 피, 태양, 공산당 등 모두 동적이고 공격적인 것이다. 파란색(다크블루)은 해, 강, 하늘, 호수, 정적 등으로 우리들을 감싸줄 커다란 것을 연상케 한다. 녹색은 풀, 산, 숲, 나무 등이다. 대지에 뿌리를 내리고, 독야청청 불변의 모습으로 우뚝 솟아 있는 거목으로 상징되는 색이다. 즉 저항, 방위, 자기주장을 가리키는 색이라고 설명되고 있다.

이상으로 좋아하는 색을 물었을 때, 그 답이 무엇을 의미하는지를 대강은 알 수 있으리라고 생각한다.

빨간색과 파란색의 취향으로 알 수 있는 인간성

이제부터 이 컬러 테스트를 중심으로 각각의 색에 대한 반응을 상세하게 살펴보기로 하자..

빨간색은 자극적이어서 교감신경을 흥분시킨다는 것은 앞에서도 이야기하였다. 따라서 이 색을 좋아하는 사람은 목표를 열정적으로 추구하고 야심이나 욕구가 강한 특징을 나타낸다. 정서적이고 행동력이 있으며 정력적이고 모든 것에 대해 적극적이다.

빨간색을 싫어하는 사람은 무언가 피하려는 마음이 있거나 아주 피곤한 상태에 놓여 있음을 의미한다. 이런 사람은 파란색을 좋아하는 경우가 많다. 심신이 피곤하기 때문에 무의식적으로 편안한 느낌을 주는 파란색에서 안정을 찾으려는 것이다.

파란색은 빨간색과 정반대로 신경을 진정시켜주는 효과가 있어, 이 색을 집중해서 응시하면 혈압과 맥박 · 호흡 등이 모두 안정된다고 한다.

파란색을 좋아하는 사람은 보수적이고 전통적인 것을 중요시하며 질서를 추구하는 경향이 있다. 다시 말해 인간관계가 평온하기를 바란다고 할 수 있다. 또한 사람을 신뢰하고 그들로부터도 신뢰받으려는 마음이 강하다.

일반적으로 과격한 변화를 바라지 않는 일본인의 성향은 이런 색에 대한 반응을 보아도 납득이 가는 일이다.

색깔과 업무와의 관계를 보면, 빨간색을 좋아하는 사람은 무엇보다 적극성을 필요로 하는 영업 부문이 적성에 맞고, 파란색을 좋아하는 사람은 수비 분야, 예를 들면 경리 업무처럼 정확도를 필요로 하는 일에 어울린다고 볼 수 있다.

그런데 파란색을 싫어하는 것은 무엇을 의미할까? 가장 먼저 인간관계가 원만하지 못하고 사람을 신뢰하지 못하는 상태를 생각할 수 있다. 주위의 제약으로 욕구가 억눌려 마음이 무거운 상황일 것이다. 가능한 한 거기에서 벗어나고 싶지만 책임 때문에 끊어내지 못하는 경우는 보상을 찾아 도피하는 경향이 있다.

파란색을 거부하는 사람은 침착성이 없고 변덕이 심하며 정신적인 동요를 보인다. 집중력이 없어지며 몸의 이상을 초래하는 경우도 있다고 한다.

파란색을 싫어하는 반대급부로 빨간색을 좋아하는 경우라면 자극을 추구하고 있음을 나타낸다. 즉 파란색을 싫어해서 빨간색이 좋다는 사람은 인간관계에 불신감이 있고 불안하여 그 보상심리로 자극을 추구하는 것이라고 볼 수 있다.

빨간색과 파란색을 다 좋아하는 경우는 정신적으로는 대체로 건강하다고 판단할 수 있다. 반대로 빨간색과 파란색 모두 싫어하는 경우는 무척 마음이 조급한 상태로 노이로제나 심장 질환, 고혈압의 우려가 있다.

빨간색과 파란색에는 정반대의 의미와 작용이 있는데, 이 두 가지 색에 대한 반응에서 이상과 같은 여러 가지를 추측할 수 있는 것이다.

녹색과 노란색으로 마음의 상태를 간파한다

녹색을 좋아하는 사람은 자기주장이 강하고 남들에게 인정받기를 원한다. 달리 말하면 엄격함 · 명예 등을 추구하는 경향이 있다.

이런 타입은 자신이 한 단계 높은 위치에서 남을 설득하기 좋아한다. 남에게 인정받으려는 심리는 크든 작든 누구에게나 있지만, 녹색을 좋아하는 사람은 특히 이런 경향이 강하다.

녹색을 싫어하는 사람은 그런 욕망을 충족시키지 못하고 실패하는 것이 아닌가 하는 불안감을 가지고 책임을 회피하는 경향이 있다.

노란색은 밝고 가볍고 따뜻한 색이다. 자극적이지만 빨간색만큼 강렬한 것은 아니다. 따라서 노란색을 좋아하는 사람은 발전적이고 야심적이지만 어느 정도 변덕스럽고 줏대 없는 기분파가 된다.

녹색이 지속성을 의미한다면 노란색은 변화를 의미한다. 또 녹색은 긴장을 의미하는 데 비해 노란색은 이완을 의미한다. 이처럼 이 두 가지 색은 밝은 색이면서도 여러 가지 면에서 대조적이다.

노란색을 싫어하는 사람 중에는 실망과 고독의 감정에 잘 빠지고,

사태를 악화시키지 않으려는 자세를 취하는 사람이 많다.

녹색을 좋아하고 노란색을 싫어하는 사람은 인정받고 싶어하는 마음은 강하지만 자신감이 없는 사람이 많다. 아울러 공격적이고 비판적이며, 주위에 의한 영향을 고집스럽게 거부하거나 저항하는 경향이 있다.

반대로 노란색을 좋아하고 녹색을 싫어하는 경우는 자신에게 주어진 상황을 버겁게 느끼며, 그것을 타인의 응원이나 조력으로 보완하려 하고 실패의 책임을 타인에게 전가하려는 경향이 있다고 한다.

녹색과 노란색을 다 좋아하는 경우는 화려한 것을 좋아하고 타인에게 인정받으려는 마음이 강하고 활동적이다.

사람들 앞에 나서서 이야기할 기회가 많은 교사, 배우, 가수, 탤런트, 아나운서(뉴스 캐스터), 사회자, 경영자, 관리자 중에 노란색이나 녹색을 좋아하는 사람이 많고, 그런 직업에 맞는다고 할 수 있을 것이다.

녹색과 노란색을 모두 싫어하는 경우는 실망 · 불안 · 우유부단함을 나타내며, 정신적으로 매우 쇠약해진 사람으로 생각할 수 있다.

심리 상태로 볼 때 녹색과 노란색은 대조적인 의미를 갖지만 둘 다 밝은 색이며, 이것을 싫어할 때에는 마음 어딘가에 불만이나 저항이 있다고 보아도 좋기 때문이다.

일본에는 녹색을 이미지 컬러로 사용하고 있는 회사가 많다. 그것은 알게 모르게 긍지, 엄격함, 불변, 긴장 등을 나타낸다. 이에 비해 노란색은 발전 · 창조 · 변화를 상징하고 있는데, 노란색을 이미지 컬러로 사용하는 회사가 의외로 적은 것은 흥미로운 일이다.

갈색은 이상성, 보라색은 신비성이 있다

갈색은 흙이나 낙엽을 연상케 한다. 오감에 따라 작용하는 힘이 강하고 육체적인 불쾌감이나 질병과도 관계가 있다. 즉 거처할 집이나 땅, 동료 등 인간의 마음의 지주를 가리키고 있다.

갈색을 좋아하는 사람은 이러한 지주에 불안감을 느끼거나 심하게 결핍되어 있음을 나타낸다.

갈색을 싫어하는 것은 자신의 욕망을 억누르고 극단적으로 엄격하게 살아가고자 하는 현상으로 볼 수 있다. 하지만 그것은 부자연스러운 것으로 어디인가에서 그것을 격렬하게 추구한 결과일 수도 있다.

보라색은 환상적이고 섬세한 감각을 나타내고 있다. 정신적으로 미성숙한 사람이나 정서불안정한 사람이 이 색을 좋아한다는 데이터도 있다. 창설 당시의 다카라즈카 소녀가극단의 제복이 보라색이었던 것은 이런 심리적인 요인과 관계가 있었을지도 모른다.

보라색을 싫어하는 사람은 신비적인 사람과의 관계나 동심의 꿈이 억눌려 인간에 대한 불신감을 가지고 있다고 생각할 수 있다.

갈색이나 보라색은 지금까지 소개한 빨간색, 파란색, 노란색, 녹색 등에 비해 중간적인 색인만큼 이런 색을 유달리 좋아하거나 아주 싫어하는 경우는 어떠한 욕망이 억눌려져 있는 경우가 많다.

갈색과 보라색을 지극히 좋아하는 경우는 감각적인 기쁨, 가령 맛있는 음식이나 아름다운 의복, 혹은 관능적인 즐거움에 빠져들기를 원하고 있다고 추측된다.

한 회사에서 이 컬러 테스트를 실시했을 때, 중견 간부 한 사람이 이 두 가지 색을 선택하였다. 업무 면에서는 아주 유능했지만 여직원들과 줄곧 애정 문제로 트러블을 일으키고 있다는 사실을 나중에 알게 되면서 색이 갖는 의미의 대단함에 놀랐던 일이 떠오른다.

갈색을 좋아하고 보라색을 싫어하는 경우는 다분히 보신적이고, 분쟁에 휘말리지 않으려는 까다로운 일면을 가지고 있음을 나타낸다.

보라색을 좋아하고 갈색을 싫어하는 사람은 독특한 것을 좋아하고, 독창적이기를 원하는 마음이 강하다.

갈색을 좋아하는 경우는 보라색과의 관계보다 오히려 빨간색, 파란색, 노란색, 녹색과 같은 색과의 관계가 보다 중요시된다.

이들 밝은 색을 피하고 갈색을 택하는 것은, 스트레스가 마음속에 쌓여 있기 때문에 심신의 여유를 추구하는 것으로 보인다. 이것은 지금까지의 설명을 종합해보면 쉽게 이해할 수 있을 것이다.

어쨌든 갈색은 사람의 마음을 파악하는 데 중요한 색이다. 이 색에 대한 관심이 이상적으로 강하거나, 혹은 극단적으로 싫어하는 경우는 무언가 문제가 있다고 봐야 한다. 갈색을 좋아하지도 싫어하지도 않는 편이 자연스러운 모습이라고 할 수 있다.

검은색 취향은 위험을 내포하고, 흰색을 좋아하면 순수

일반적으로 검은색은 어두운 이미지가 있고 무(無)와 죽음을 의미한다고 한다. 루셔에 의하면 검은색은 그 자체가 부정이고 단념이며, 궁극적인 항복과 방기를 가리킨다. 상복이 검은색인 것과 바둑에서 하수가 검은 돌을 잡는 것은 동서양을 막론하고 공통되는 점이다.

검은색을 좋아하는 심리에는 절망이나 반항, 무모함 등의 위험한 요소를 내포하고 있다고 한다. 그러므로 검은색을 피하는 심리는 지극히 자연스러운 것이라고 할 수 있다.

검은색과 다른 밝은 색을 조합하여 좋아하는 경우는 매우 위험한 상태라고 한다. 예를 들면 빨간색과의 조합은 무언가를 하고 싶은 욕망이 매우 강렬하여 무슨 수단을 써서라도 그것을 손에 넣으려는 생각이 강하다.

파란색과 검은색의 경우는 무엇보다 마음의 안정을 추구하는 상태이고, 노란색과 검은색을 택하는 것은 갑작스러운 변화를 추구하는 심리 현상이라고 한다. 즉 이 색의 조합은 과격하고 무분별한 행동의 전조이다. 교통 표지판의 검은색과 노란색의 조합은 위험을 알리고 주의를 촉구하는 의미가 있어서 만들어진 것일지도 모른다.

흰색은 말할 것도 없이 청순이나 신뢰의 상징으로 여겨지고 있다. 혹은 어떤 색에도 물들 수 있는 순수하다는 의미도 있다. 어쨌든 검은색과 대립된 개념으로서 흰색을 취하는 것은 지극히 자연스러운 일이다. 스모에서 승자 표시인 흰 점과 바둑의 흰 돌 등이 그렇다. 하지만 옛날부터 '항복의 백기' 등과 같은 그다지 명예롭지 못한 경우에 쓰였던 것도 재미있다. 이것은 '어떤 색으로도 물들겠습니다' 하는 순종의 의미가 있었다는 해석도 성립된다.

이상 루셔의 컬러 테스트를 중심으로 나 자신의 해석과 데이터를 더하여 색에 대한 반응으로 사람을 파악하는 힌트를 살펴보았다. 이 테스트에서는 분명히 많은 유익한 정보를 쉽게 얻을 수 있다.

다만 일본인의 색 감각이 유럽인들의 그것과는 크게 다르다는 점만큼은 주의하는 것이 좋다. 일본인은 일반적으로 원색을 좋아하지 않으며, 색에 대한 감각은 유럽인보다 훨씬 섬세하다. 따라서 엷은 색이나 중간색을 택하는 경우가 많다.

우리는 상스럽고 천박한 색이라는 표현을 많이 쓴다. 이 점을 염두에 두고 색에 대한 반응을 보는 것이 필요하다.

술 마시는 스타일로 간파한다

'술은 잘 마시면 약이고 지나치면 독이다', '술은 미친 물이다'라는 등 술에 관한 여러 가지 표현이 있다.

인생의 즐거움과 슬픔 속에서 술은 우리들의 생활과 깊게 연결되어 있다. 그만큼 술을 통해서 사람을 파악할 기회도 많다. 또 이것만큼 개인차가 드러나는 것도 없을 것이다.

술에 센 사람과 약한 사람, 술을 마시면 전혀 다른 사람으로 변하는 사람과 잠들어버리는 사람, 우는 사람과 웃는 사람, 주정을 부리는 사람, 시끄러워지는 사람, 차분해지는 사람, 그런가 하면 평소와 다름없이 멀쩡한 사람도 있다.

술을 마시면 심하게 흐트러지는 사람은 일반적으로 마음에 억눌린 것이 있다고 할 수 있다. 평소에 점잖고 말이 없는 사람이 취하면 갑자기 다른 사람처럼 말이 많아지고 큰소리를 치는 경우가 그렇다.

이처럼 술을 마셨을 때 평소와는 전혀 다른 모습을 보인다면 그 사람이 하는 말은 신용할 수 없다고 보면 된다. 중요한 약속을 해놓고도 나중에 전혀 기억을 하지 못하거나 좀 심한 경우에는 술 탓으로 돌려 발뺌하는 일도 있기 때문이다. "아니 제가 그런 말을 했습니까? 전혀 기억이 나질 않는데요" 하고 오리발을 내밀면 얼마나 황당할 것인가.

게다가 이런 타입의 사람은 술의 힘을 빌려 발설해서는 안 될 비밀을 다른 사람에게 알게 모르게 흘려버릴 우려도 있으므로 신용하는 것은 금물이다.

이에 비해, 술을 마셔도 전혀 변화가 없는 사람은 마음속으로 늘 임전 태세를 갖추고 있는 사람이다. 긴장하고 있기 때문에 취하지 않는 것이다. 그러나 늘 긴장하고 있기 때문에 스트레스가 쌓이기 쉽다.

술을 마시면서도 일 이야기만 하는 사람은 진정으로 일을 잘하는 사람이 못 된다.

술만 마시면 오로지 상사나 동료의 험담을 하는 사람도 그다지 많은 기대를 할 수는 없다.

술을 전혀 마시지 못하는(혹은 마시지 않는) 사람 중에는 융통성이 없고 딱딱한 사람이 많다. 하지만 그 반면에 전혀 마시지 않고서도 마시는 사람 이상으로 유쾌하게 친해지는 사람도 있다.

결론적으로, 술을 마시는 자리에서는 적당히 유쾌하게 사람들과 친해지고 즐겁게 지내는 사람이 바람직하다고 할 수 있을 것이다.

대낮부터 알코올 없이는 식사를 하지 못하는 사람은 이미 알코올 중독이다.

안주는 전혀 입에 대지 않고 술만 마시는 사람은 간장 장애와 그 외의 성인병에 걸릴 우려가 있다. 이것은 나중에 음식 이야기에서 다루겠지만, 혈액이 산성으로 치우치고 칼로리만 섭취하게 되므로 몸에 좋을 리가 없다. 정신적으로도 곧잘 화를 내거나 심하게 안절부절못하게 될 수도 있다.

빨간 코는 지나친 음주로 인한 위장 장애, 특히 위산 결핍에 의한 것이라고 한다.

식사 방법과 취향으로 알 수 있는 인격

우리들은 식사를 통해서도 사람의 다양한 면을 꿰뚫어볼 수가 있다. 몸 상태가 좋을 때는 식사가 맛있다. 거꾸로 몸 어딘가에 고장이 났거나 걱정거리가 있을 때는 식욕도 없다.

오늘날 우리는 수많은 종류의 요리를 즐길 수 있다. 일식은 물론 한식, 양식, 중국 음식. 면 종류만도 라면, 칼국수, 가락국수, 스파게티, 마카로니 등 얼마나 많은가. 이처럼 세상에 있는 모든 미각을 즐길 수 있다는 것은 행복한 일이다.

일반적으로 일식을 좋아하는 사람들은 맛보다도 음식의 재료와 완성된 모양을 즐긴다. 특히 초밥이나 회를 좋아하는 사람은 아주 섬세한 신경을 가진 사람이다. 재료의 신선도에 특히 까다롭다고 보면 된다. 그리고 음식뿐만 아니라 모든 것에 대해 아주 자잘한 부분까지 주의를 하는 타입이다.

양식을 좋아하는 사람은 맛에 까다롭고 귀족 취향이 있다. 소스, 스파이스의 향, 풍미, 깊이 있는 맛이나 테이블, 식기, 식사를 하는 방의 벽과 바닥, 조명, 웨이터의 서비스 등 분위기에 몹시 까다로운 편이다.

양식을 싫어하는 사람은 분위기나 매너 등 딱딱한 것을 싫어하는 타입이다. 가식이 없는 사람이라고 보아도 좋다. 이런 사람은 길거리 포장마차나 분식점 쪽을 편안해한다.

중국 음식을 좋아하는 사람은 현실적인 사람이 많고 다양성이 풍부한 식사를 즐기기 때문에 사람들과 떠들기를 좋아한다.

식사를 주문할 때에 자신이 선택하지 않고 "알아서 시키셔도 좋습니다", "저도 같은 걸로 하겠습니다" 하는 사람은 내성적이고 남의 뒤를 조용히 따르는 점잖은 사람이다.

좀처럼 무엇을 먹을지 결정하지 못하는 것은 우유부단한 사람에게서 많이 볼 수 있는 현상이다.

음식을 게걸스럽게 먹어대는 사람은 위가 약하거나 위의 활동에 이상이 있는 사람이다. 일반적으로 정신적인 스트레스를 받으면 식욕부진이 된다고 알고 있지만, 거꾸로 이상스럽게 식욕이 왕성해지기도 한다. 심리 상태의 영향을 가장 받기 쉬운 것이 위장이기 때문이다.

정신적 스트레스가 강한 사람은 위장에 이상이 있고, 또 위장 장애가 있는 사람은 정신적 스트레스를 받기 쉽다. 이 둘은 닭과 달걀과 같은 관계인 것이다.

음식을 진정으로 맛있게 먹는 사람은 몸과 마음이 순조로운 상태라고 보아도 좋다. 음식을 그저 입안에 쑤셔넣는 듯한 사람은 무언가 문제를 안고 있는 사람이다.

식사를 천천히 하는 사람은 모든 것을 느긋하고 여유 있게 처리하는 경향이 있다. 머리 회전이 빠르지는 않지만 모든 일에 차분하게 대처하고 끈기 있는 사람이다.

번들형인지 담백형인지로 알 수 있는 건강 상태

식사의 취향은 천차만별이지만 크게 번들형과 담백형으로 나누어 볼 수 있다.

지방이 많은 육류나 다랑어의 지방질이 많은 부분을 좋아하는 사람은 번들형이다. 평소의 운동량이나 체질에 따라 차이가 있으므로 어떤 취향이 좋은지를 단정적으로는 말할 수 없지만, 번들형은 일반적으로 원기 왕성하고 약간 뚱뚱하거나 위장이 튼튼하다.

다만 주의해야 할 것은 성인병이다. 그렇지 않아도 승용차의 보급으로 걷는 일조차 충분치 않으므로 아무래도 운동 부족이 되기 쉽다. 그런데다 고칼로리의 음식을 섭취하고 그 칼로리를 소비하지 않는다면 여러 가지 심신의 장애를 일으킬 것은 자명하다. 특히 고혈압이나 심장병 등은 지방질 섭취가 많은 사람들이 걸리기 쉬운 병이다.

또한 육류를 많이 섭취하면서 야채를 먹지 않는 사람은 산독증에 걸리기 쉽다고 한다. 우리들의 혈액은 보통 PH 7.3의 약알칼리성으로 유지되고 있는데, 동물성 단백질이 과다하면 그것이 체내에서 분해될 때 유해 산성물질이 생산되어 산독증이 생긴다.

산독증이 되면 쉬 피로해지고 질병에 대한 저항력도 약해지며, 상처가 쉬 곪게 되며 노화 현상이 두드러진다.

담백형은 그다지 식사량도 많지 않고, 물에 밥 말아 반찬 한 가지 놓고 먹기를 좋아한다. 그러나 일반적으로 위장이 좋지 못하므로 스태미나가 없고 힘을 잘 내지 못하며 까다로운 특징을 가지고 있다.

이런 타입은 번들형에 비해 고혈압이나 심장병에 걸릴 확률이 적지만, 술을 마실 때 안주 섭취에는 전혀 신경을 쓰지 않는 사람이라면 번들형과 같은 걱정을 해야 한다. 알코올이 체내에서는 당으로 바뀌기 때문에 결과적으로는 단것만을 섭취하는 사람과 마찬가지가 된다.

담백형은 아무래도 단백질과 비타민이 부족하기 쉬우므로 질병이나 상처에 약하고 정신적으로도 정서불안이 되기 쉽다. 특히 비타민이 부족하면 여러 가지 질병에 걸리기 쉽다는 것은 잘 알려진 사실이다. 피부가 거칠어지고 잔주름이나 반점 등도 생기기 쉽다.

요컨대 번들형이나 담백형 모두 극단적일 때는 건강을 유지하기가 매우 어렵다는 말이다. 어느 한쪽으로 치우쳐서 음식 섭취를 할 경우, 문제가 곧바로 나타나지는 않아도 그 사람의 건강은 요주의 상태라고 보아야 한다.

술을 즐기는지로 알 수 있는 심신 상태

'단것은 좋아하지만 술에는 약하다', '술은 좋아하지만 단것은 싫어한다.' 이 두 가지 사례에는 대조적인 취향의 차이가 있다.

그런데 단것이나 알코올류가 당분이라는 점은 같다. 더욱이 쌀 등의 전분류도 체내에서 분해되어 포도당이 된다는 점에서 우리의 몸에서는 같은 의미를 갖는다. 당분은 에너지원으로서는 중요한 것이지만 과잉 섭취하면 문제가 된다.

술을 좋아하든 싫어하든 당분을 지나치게 섭취하면 혈액은 산성으로 기울고, 앞에서 소개한 산독증이 되기 쉽다. 혈액이 산성이 되면 기력이 감퇴하고 몸이 약해진다. 혹은 종기가 잘 생기고 정신적인 불안이 생기기도 한다.

술을 좋아하는 사람과 싫어하는 사람은 성격이 맞지 않는 경우도 많은데, 결과적으로는 어느 쪽이든 너무 치우치면 몸과 마음에 문제가 생길 확률이 높다.

특히 케이크나 단팥죽 · 양갱 등 단 음식을 좋아하면서 술도 좋아하는 사람은 당분을 지나치게 많이 섭취하게 되어 더더욱 산독증이 되기 쉽다.

당분이 체내에서 분해될 때에는 다량의 초산이나 비타민B_1이 소비되므로 이들이 부족하기 쉬워져 그것만으로도 몸에 좋지 않다.

이와 같은 때에는 술을 마시면서 식초가 곁들여진 음식이나 비타민이 함유된 안주, 가령 두부 종류나 깨를 넣고 무친 음식 등을 섭취하면 몸에 아주 좋다.

술을 좋아하지 않는 사람은 좋아하는 사람에 비해 균형을 유지하기가 어렵다. 식사와 운동으로 조절하는 방법을 생각해야 할 것이다.

술을 좋아하는 사람이 주의해야 할 점은 지나친 염분 섭취이다. 최근의 한 연구에서 뇌졸중이나 심장병, 신장 질환 등은 염분의 과잉 섭취와 관계가 깊다는 것을 밝혀낸 바 있다.

이처럼 영양 상태에서 본다면 결과가 같지만 취향으로 보면 매우 다른 경향을 보이고 있다.

단것을 많이 좋아하는 사람은 정신적으로 미성숙한 부분이 있고 어리광스러운 면이 있다.

한편 술을 즐기는 사람은 정신적 스트레스가 많고, 그것을 알코올의 힘으로 발산하려는 경향을 보인다. 마음속에 무언가 열등감이나 억눌림이 있다고 볼 수 있다.

물론 이것은 정도 문제이고 개인차도 있다. 또한 때와 장소에 따라 다르기도 하므로 지나치게 이것에 의존하면 오히려 사람을 잘못 판단하게 될 수도 있다. 어쨌든 술을 좋아하건 아니건 어느 정도 원하는지 안다면 그 당시의 심신 상태를 어느 정도는 파악할 수 있을 것이다.

육류와 어류의 취향으로 파워를 알 수 있다

최근에는 식단이 서구화하면서 육류를 좋아하는 사람이 많아졌다. 육류는 단백질 · 지방의 영양 공급원으로서는 우수한 식품이지만, 칼로리 과다와 영양의 편중으로 산독증이 되기 쉽다는 것은 앞에서 기술한 바와 같다.

육류와 야채, 그 외의 영양 공급원을 함께 섭취하면 좋겠지만 육류를 좋아하는 사람은 일반적으로 육류만을 섭취하는 경향이 있다. 이와 같은 경우에는 살이 찌기 쉽고 질병에 대한 저항력이 약해지며 감정의 기복이 심하게 나타난다고 한다.

육류를 좋아하는 사람이 다른 음식도 균형 있게 섭취하고 있는지를 주목해보면 그 사람의 체력, 기력, 건강 상태를 추측해볼 수 있다.

동양인은 원래 쌀을 먹기 때문에 장의 길이가 유럽인에 비해 2미터 정도 길다고 한다. 동물도 채식을 하는 소나 말 등이 육식을 하는 사자나 호랑이보다 장의 길이가 훨씬 길다. 이와 같은 몸 구조에서 섭취하는 음식이 육식뿐이면 장에 머무는 시간이 길어지고 부패하기 쉬워진다. 그래서 동양인에게는 원래 육식은 맞지 않는다는 설이 있다.

육류에 비해 생선의 섭취량은 많이 부족하다.

일본은 4면이 바다로 둘러싸여 있고 풍부한 어장을 갖고 있어서, 예로부터 생선을 즐겨 먹었다. 게다가 원양어업도 왕성해서 일본인은 세계 제일의 생선 섭취국가가 되었다. 그런데 2백 해리 규제 등 여러 외국의 압력과, 육식의 보급으로 최근 들어 생선의 소비량이 주춤하고 있다.

생선, 특히 잔뼈를 가진 작은 생선은 단백질 외에 칼슘의 공급원으로도 귀중한 식품이다. 같은 생선이라도 고급 어류보다는 뼈째 먹는 생선인 멸치나 까나리, 빙어 등과 같은 작은 생선이 몸에는 더 좋은 것이다.

칼슘이 부족하면 뼈가 약해지고 저항력이 없어질 뿐만 아니라 조급증이 심해진다는 것은 잘 알려져 있는 사실이다.

육류와 고급 생선만을 먹는 사람은 심신의 트러블이 일어나기 쉬운 사람이다. 그에 비해 뼈째 먹는 생선과 우유, 야채 등을 많이 섭취하는 사람은 튼튼하고 호리호리한 체격으로 몸과 마음의 젊음을 유지한다.

이상을 주의해서 본다면 음식만으로도 그 사람의 '파워'를 꿰뚫어 볼 수 있다.

c·h·e·c·k

좋아하는 색깔로 알아보는 사람의 성격

빨간색을 좋아하는 사람은 목표를 열정적으로 추구하고 야심이나 욕구가 강한 특징을 나타낸다. 정서적이고 행동력이 있으며 정력적인 타입이고 모든 것에 대해 적극적이다. 파란색을 좋아하는 사람은 보수적이고 전통적인 것을 중요시하고 질서를 추구하는 경향이 있다. 또한 사람을 신뢰하고 그들로부터도 신뢰받으려는 마음이 강하다.

녹색을 좋아하는 사람은 자기주장이 강하고 남들에게 인정받기를 원한다. 달리 말하면 엄격함 · 명예 등을 추구하는 경향이 있다. 노란색을 좋아하는 사람은 발전적이고 야심적이지만 어느 정도 변덕스럽고 줏대 없는 기분파가 된다.

갈색은 흙이나 낙엽을 연상케 한다. 오감에 따라 작용하는 힘이 강하고 육체적인 불쾌감이나 질병과도 관계가 있다. 즉 거처할 집이나 땅, 동료 등 인간의 마음의 지주를 가리키고 있다. 갈색은 사람의 마음을 파악하는 데 중요한 색이다. 이 색에 대한 관심이 이상적으로 강하거나, 혹은 극단적으로 싫어하는 경우는 무언가 문제가 있다고 봐야 한다. 갈색을 좋아하지도 싫어하지도 않는 편이 자연스러운 모습이라고 할 수 있다.

검은색을 좋아하는 심리에는 절망이나 반항, 무모함 등의 위험한 요소를 내포하고 있다고 한다. 그러므로 검은색을 피하는 심리는 지극히 자연스러운 것이라고 할 수 있다. 흰색은 말할 것도 없이 청순이나 신뢰의 상징으로 여겨지고 있다. 혹은 어떤 색에도 물들 수 있는 순수하다는 의미도 있다. 어쨌든 검은색과 대립된 개념으로서 흰색을 취하는 것은 지극히 자연스러운 일이다.

Human Relations

06 혈액형으로 꿰뚫어본다

A형은 일본인의 전형, 그래서 정서파가 많다

사람을 꿰뚫어볼 수 있는 또 하나의 유력한 단서는 혈액형이다.

혈액형에 대해서는 전문가 사이에서도 다양한 의견이 있는데 반드시 정설이라고 할 수는 없다. 그리고 혈액형이 같아도 성격이 판이하게 다른 경우도 허다하다. 하지만 내 체험에서 얻은 결론을 기술한다면 다음과 같다.

"혈액형이 같은 사람은 기질적으로 공통점이 많고, 사람을 꿰뚫어보는 데 유력한 힌트가 되는 것은 틀림없다."

일반적으로 행해지고 있는 A · B · O형의 혈액형 분류를 적용할 때 일본인에게 가장 많은 혈액형은 A형으로 인구의 약 40퍼센트를 점하고 있다. 그러면 A형의 특징을 살펴보기로 하자.

A형은 순종적이며 희생정신이 있다. 감정적이며 쉬 뜨거워지고 쉬 식는 경향을 보이고, 보수적이고 비관적이며 모든 것을 심각하게 생각하려는 특징이 있다.

이것을 장단점으로 나누어보면 다음과 같다.

▪▪ 장점 | 순종적이고 신중하며 세심하다. 반성을 잘하며 풍부한 정

서와 두터운 동정심을 가지고 있으며, 희생적이고 헌신적이다.

- 단점 | 소심하며 감정적이고 의지가 약하며 결단력이 부족하다. 비사교적이고 내성적이며 비관적이고 자신을 속이는 경향이 있다.

일본인의 성향을 보면, 일반적으로 그 일을 꼭 해야만 한다고 느꼈을 때에는 이해타산을 넘어 내달리는 경향이 있다.

전쟁 중의 멸사봉공은 이런 A형의 특징을 상징적으로 나타낸 것이라고 할 수 있으며, 전후의 고도성장 시대에 외국 여러 나라에서 경제동물이라는 비판을 받았던 비즈니스맨의 회사에 대한 충성심과 헌신도 역시 A형의 특징을 단적으로 드러낸 예라 하겠다.

우리가 개발한 'YK식 진로 적성 테스트'에 '가치관의 체크리스트'라는 것이 있다. 이것은 '무엇을 소중히 여길까?' 하는 질문에 대한 반응을 알아보기 위한 것이었는데, 모든 그룹에서 '정신면을 중시하는 형'이 과반수 가까이 차지하였고, 이 타입에는 압도적으로 A형이 많았다. 이것을 보아도 A형은 한마디로 정서파라고 할 수 있다.

솔직하고 친절한 O형

O형은 객관적이고 논리적이며 화려하고 밝다. 남을 보살펴주기를 좋아하고, 현실적이며 풍부한 모방성과 완고함을 가지고 있다. 노력형이며 지배욕이 강한 특징을 가진다.

O형인 사람은 일반적으로 타인과 협조를 잘하고, 상사의 명령에도 흔쾌히 따르며 누구든 보살펴주기를 잘한다. 반면 작은 실패를 마음에 두고 열등의식을 갖는 일도 적지 않다. 하지만 그것을 노력으로 커버하려는 점이 돋보인다. 그래서 O형은 자신이 믿는 것을 관철시키려는 강한 의지와 왕성한 행동력을 가진 사람이라는 평가를 받는다.

또 O형은 어떤 의미에서 A형만큼 신경이 섬세하지 못하기 때문에 타인의 오해를 받고 있는 것조차 눈치채지 못하는 경우가 있다. 혹은, 알게 모르게 타인에게 상처 주는 경우도 있다. 하지만 대부분의 경우 악의를 품어서가 아니라 오히려 상대방을 돌봐주려는 선의에서 비롯되는 경우가 많다.

이것은 O형이 무신경하고 둔감하다는 말이 아니라, O형은 O형 나름대로 마음을 쓰지만 A형과는 다른 신경을 가진 사람이라는 의미이다. 그래서 A형이 비관적이고 작은 일에 조바심을 내고 걱정하는 데 비해 O형은 오히려 그런 약한 모습을 보여서는 안 된다고 참는다. "A형은 노이로제에 걸리기 쉽지만 회복도 빠른 데 비해 O형은 여간해서 노이로제에 걸리지 않지만 일단 걸리면 벗어나기 힘들다"는 말을 하는 것도 이런 배경이 있기 때문이다.

여기에서 O형의 장단점을 정리해보자.

- 장점 | 자신감이 있다. 의지가 강하다. 물건으로 흔들리지 않는다. 이성적이고 결단력이 있다. 영향력이 강하다.
- 단점 | 완고하고 겸허하지 못하다. 냉담하며 개인주의로 흐르기 쉬운 경향이 있다.

이상으로 알 수 있듯이 O형의 장단점은 분명하게 표리일체를 보이고 있다. O형은 모든 것을 끌어안는 포용력과 냉정함, 사물을 현실적으로 실행하는 활력이 있는 반면, 완고하고 고집스러운 일면이 있다.

상사로서의 O형을 보면 결단력 있고 믿음직스러운 상사가 되는 경우와, 고집스럽고 전제적인 독재자가 되는 경우를 생각할 수 있다.

O형 친구는 싹싹하고 주변 사람들을 잘 돌봐주지만 때로는 허풍이 지나쳐서 실행 불가능한 약속을 하여 사람을 배신하는 경우도 있다.

일본인의 약 30퍼센트가 O형이고, A형과 합하면 70퍼센트가 된다. 그러므로 A형과 O형의 특징이 그대로 일본인의 국민성으로 나타나고 있다고 해도 과언이 아니다.

B형은 행동파로 독불장군

일본에서 A형과 O형이 다수파라면 B형은 약 20퍼센트로 소수파에 속한다.

B형의 특징은 주관적이고 충동적이며 집착심이 없고 본능적이라는 점을 들 수 있다.

본성이 활달하여 인간관계도 원만하지만, 마음 한구석에 소외감을 가지고 있어 단체나 그룹과 잘 어울리지 못하는 일면도 있다.

B형은 실행력이 있지만 흥미가 쉽게 바뀌고 지속성이 없다. 모든 사물에 대해 재빠르게 반응하지만 O형과 같은 논리성도 없고 A형과 같은 끈기도 없다. 감각으로 사물을 판단해버리기 때문에 변덕쟁이로 취급당하는 일이 많다.

일을 시켜도 그날의 기분에 따라 완성도에서 큰 차이가 나타난다. 어느 날은 깜짝 놀랄 만큼 대단한 성적을 올리는가 하면 전혀 다른 사람처럼 형편없는 실적을 올릴 때도 있다.

B형 중에는 전직을 하는 사람이 많다고 한다. 지금은 사정이 달라

졌지만 일본과 같은 종신 고용이 일반화된 사회에서는 회사와 일을 바꾸는 것이 꼭 유리하다고 할 수는 없는데, B형에게는 10년, 20년을 쌓아올린 자신의 지위와 신용을 어느 날 갑자기 내던져버리는 것이 비교적 힘들지 않아 보인다. 적어도 A형으로서는 생각할 수 없는 전직을 척척 해내는 것이 B형이다.

B형은 직장에서는 행동파이다. 밝은 성격에 적극적이고 말을 잘하며, 기획을 세우는 지도적 입장에 서기를 좋아하는 등 직장에서는 행동파로 활약하는 일이 많다.

하지만 이것은 모두 순조롭게 행해질 때의 이야기다. 주위의 환경이 나빠지면 얼른 몸을 빼는 '얼굴 바꾸기의 명수'도 B형의 특징이다. B형은 환경에 저항하고, 또 환경에 영향을 받지 않으며 살아갈 수 있는 특성을 가지고 있기 때문이다.

이상을 정리하여 B형의 장단점을 들어보자.

- 장점 | 담백하며 밝고 활동적이다. 민감하게 반응하며 과감성이 있다. 사교적이고 낙천적이며 생기 있다.
- 단점 | 싫증을 잘 낸다. 경솔하고 허풍이 있으며 말이 많고 남의 일에 참견을 잘한다. 의지가 약하다.

B형은 밝고 행동력이 있으며 소탈하고 새로운 일에 도전하는 용기를 가지고 있기 때문에 사회에서 평판이 좋고 믿음직스럽게 보이는 경우도 있는 반면, 변덕이 심하고 모든 일을 어중간한 상태에서 중단하는 무책임한 사람으로 받아들여지는 경우가 있다.

A형이 섬세하고 하나하나를 쌓아올리는 타입이고, O형이 중후하고 통제력이 있는 타입이라면, B형은 가볍고 교묘하며 막연한 일면을

가지고 있다.

인도의 경우는 B형이 다수를 차지하고 있다고 한다. 이것만으로도 B형의 일면을 이해할 수 있는 기분이 드는 것은 재미있는 일이다.

AB형은 재치가 번뜩이는 형

여러 사람이 모여 이야기를 하고 있을 때, 때때로 전혀 엉뚱한 이야기를 꺼내 좌중을 깜짝 놀라게 하는 사람이 있다. 대부분의 경우 그 사람은 AB형이라고 봐도 좋다.

AB형은 4가지 혈액형 중에서는 가장 적어서 일본인의 약 10퍼센트밖에 되지 않는다고 한다.

AB형은 그 이름에서 알 수 있듯이 상반되는 A형과 B형의 기질을 아울러 가지고 있다. A형의 섬세하고 음울함, 세심한 신경, B형의 밝고 소탈하고 변덕스러운 면을 둘 다 가지고 있는 것이다.

AB형의 특징을 들자면 강한 마음과 자신감을 가지고 있으며, 합리적이고 현시욕이 강하다. 냉정하고 무신경하다. 결단이 빠르고 행동파지만 실패가 있으면 다른 곳으로 책임을 전가시키려는 점도 있다.

외면상으로 보면 눈치가 빠르고 기민한 행동을 취하는 것이 B형을 닮았다. 하지만 마음속으로는 신중하고 세심하며 헌신적인 A형의 면도 가지고 있다.

그래서 AB형이 정확하게 급소를 찌를 경우에는 아주 당돌한 느낌을 받지만, 그것은 B형처럼 직감적이고 충동적인 것이 아니라 이론과 데이터에 근거한 것이다. 하지만 종종 그런 과정을 머릿속으로만 거치기 때문에 타인을 이해시키지 못하는 부분이 있다. 따라서 이런 AB형의 언동은 때로는 '천재적인 번뜩임' 으로 보이거나 혹은 '색다른 사람' 으로 비쳐지게 된다.

AB형은 신중하고 세심하지만 절대로 보수적이 아니다. 새로운 것을 자꾸 받아들이는 적극성을 보인다. 시대의 흐름에도 민감하게 반응하지만 A형처럼 쉽게 달구어지고 쉽게 식어버리지 않는 일관성을 가지고 있다.

이와 같은 AB형의 특성을 장단점으로 나누어보자.

- 장점 | 눈치가 빠르다. 친절하고 헌신적이다. 적극적이며 통찰력이 있다.
- 단점 | 기분이 잘 변한다. 타인의 의사에 괘념치 않는 고집스러움과 냉정한 일면이 있다.

따라서 직장에서 AB형의 의견은 본질에 대한 중요 발언도 많지만, 설명 부족으로 설득력을 갖지 못하는 경우도 적지 않다.

이런 일이 반복되면 본인도 자기모순을 느끼고 기분이 언짢아지게 된다. 그리고 그것은 자기 현시욕이 강한 스탠드 플레이로 보이는 경우도 많다.

또 AB형은 조용하고 안정되어 감정을 밖으로 드러내지 않고 무표정하여 도대체 무슨 생각을 하고 있는지 가늠하기 어려울 때가 많다. 그리고 AB형의 그런 측면은 매력적으로도 보인다.

혈액형에는 역학 관계가 있다

혈액형으로 사람을 파악할 때 절대로 잊지 말아야 할 것이 혈액형의 상호 관계이다. 전문가의 연구에 의하면, 혈액형에는 그림과 같은 상호 관계가 있다는 것이 밝혀졌다. 그림의 화살표 방향으로 강→약의 관계가 작용한다는 것이다.

우리는 다른 사람과 상대할 때, '어쩐지 저 사람 앞에 나서면 위압감을 느낀다', '그 사람과 있으면 안심이 된다'는 등의 느낌을 갖는다. 이 느낌은 지위의 고하나 연령과는 관계없이 느껴지는 대인 감정을 가리킨다.

A형은 O형에 대해, O형은 B형에 대해, B형은 A형에 대해 각각 강자이다. 더욱이 AB형은 O형과 B형에 대해서는 강자이지만 A형에 대해서는 약자이다.

직장 상사와 부하, 부부나 연인, 친구 관계 등 모든 인간관계에 있어서 이 강약의 관계가 작용한다고 볼 수 있다.

혈액형에 있어서 강자가 상사, 약자가 부하인 경우라면 상사에게 부하는 다루기 쉬운 존재이다. 하지만 이 관계가 반대일 경우에는 상사는 부하를 다루기 불편하다고 느낄 것이다.

부부의 경우에 혈액형의 강자가 남편, 약자가 아내라면 폭군 남편이기도 하지만, 의지가 되는 남편과 내조의 공을 발휘하는 아내라는 관계도 성립된다. 반대의 경우는 남편이 아내의 주장에 끌려가게 된다. 혹은 표면적으로는 가장임을 내세워도 실제로는 남편이 아내에게 민망할 정도로 어리광을 부리는 경우가 많다.

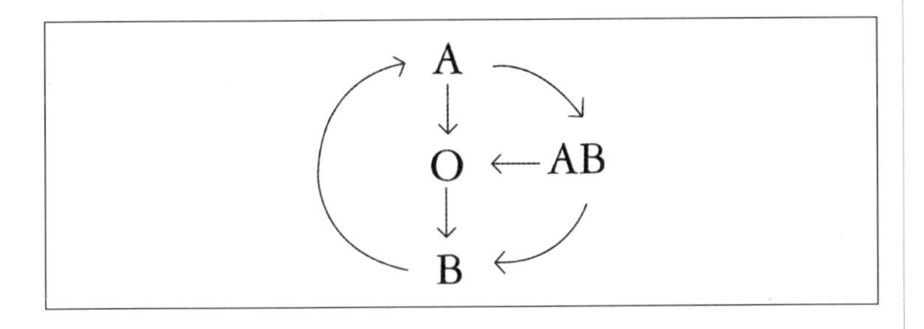

연인간의 경우에도 강자가 주도권을 잡고 상대의 마음을 떠보거나 때로는 무관심을 가장하여 결국은 상대의 마음을 잡는 것이다.

친구 관계에서도 약자는 강자에 대해 헌신적이고 마음을 쓴다.

부자 관계에서는 부모가 혈액형의 강자인 경우, 자녀가 일단 반항한다 해도 결국은 부모가 시키는 대로 따르는 경우가 많다. 거꾸로 자녀가 강자인 경우는 표면적으로는 부모의 명령을 따르는 듯이 보여도 마음 한구석으로는 부모의 말을 무시해버리는 경우가 많다.

그렇다면 같은 혈액형끼리의 대인 관계는 어떨까? 일반적으로 같은 혈액형끼리는 곧 어울리게 되며, 짧은 기간 안에 오래 알고 지낸 듯이 마음이 서로 통한다.

하지만 같은 혈액형끼리는 서로의 마음속을 너무 잘 알고 있는 터라 상대의 언동이 고의처럼 느껴지기도 하며, 그럴 때는 진력이 나고 참지 못해 반발심을 갖기도 한다.

또 주위의 환경이 좋을 때는 별 문제가 없지만 약간만 어긋나면 깊은 수렁과 같은 곳에 빠져버리는 일도 있다.

서로 혈액형이 다른 경우에는 한쪽이 역경에 처했을 때 다른 한쪽이 그것을 지탱해주는 관계가 성립되지만, 같은 혈액형이라면 서로 보완해주는 일이 적다.

A형(강)→O형(약)

이제부터 각 혈액형의 조합에 대해 살펴보자.

먼저 A형과 O형의 경우를 보기로 하자. 앞에서도 다루었듯이 A형은 O형에 대해 강자이다. 따라서 A형은 O형을 리드하고, O형은 A형을 도우며 A형을 위해 힘쓰는 관계가 성립된다.

A형 상사에 O형 부하인 경우, 일반적으로 O형 부하는 A형 상사를 '자잘한 것까지 일일이 말로 하는 사람' 이라고 마음속으로 생각할 것임에 틀림없다. 양자의 특성으로 보아 그렇게 느낄 것이라는 것은 쉽게 짐작할 수 있을 것이다.

하지만 그렇게 생각하면서도 O형 부하는 A형 상사의 희망을 도우려고 노력한다. A형 상사는 O형 부하를 '치밀하지 못한 사람' 이라고 생각하면서도 그렇게 자신의 기대에 부응해주는 부하에게 내심 호감을 가지고 있음에 틀림이 없다.

그런데 A형 상사는 곧잘 이런 O형 부하의 노력을 인정하지 않으려는 면도 있다. 그렇게 되면 O형 부하는 강하게 반발할 것이다. A형 상사는 O형 부하의 자존심을 건드리기보다는 그의 공명심을 잘 활용하도록 해야 할 것이다.

"자네는 이만한 성과를 올렸네. 자네는 우리 회사에서 없어서는 안 될 존재일세."

이 한마디 말로 O형 부하는 점점 힘이 나는 것이다.

O형 상사에 A형 부하의 관계가 되면 이야기는 반대가 된다.

치밀하지 못하고 타산적인 O형 상사를 A형 부하는 헌신적으로 보좌하려고 하지만 도저히 맞지 않는다.

O형이 강하게 A형을 다루려고 하면 할수록 A형은 굳게 마음을 닫아버린다. O형이 A형의 심정을 이해하고 부드럽게 다가가면 A형 부하는 이해득실을 따지지 않고 O형 상사에게 잘하려고 할 것이다. 하지만 O형은 좀처럼 그것을 이해하려 하지 않는다. 두 사람 사이에는 극복하기 어려운 마음의 틈이 생기는 것이다.

A형 부하가 좋지 못한 계획을 꾸며서 O형 상사가 완전히 당하는 일이 생기지 말라는 법도 없다.

부부나 친구 사이에서도 비슷한 관계가 성립된다.

O형이 A형을 리드해 나가는 경우라면 자잘한 것까지는 말하지 않는 편이 좋다. A형은 각오하고 O형의 기대에 부응하려고 할 것이므로 A형의 노력을 인정해주어야 한다. 그렇게 하면 A형은 헌신적으로 협조할 것이다.

중요한 것은 A형의 심정을 이해하려는 마음가짐, 이것이 O형으로서는 무엇보다 필요하다.

반대로, A형은 O형의 이야기를 차분하게 듣고, 감정에 호소할 것이 아니라 O형의 합리적 정신을 존중하고 활용하도록 해야 한다. 의리와 인정에 무게를 두는 통속적인 방법으로 O형은 흔들리지 않는다.

O형(강)→B형(약)

앞에서 이야기했듯이 O형은 논리적이고 B형은 직감적이다. 그렇다고 이 두 혈액형이 맞지 않는 것은 아니다. 오히려 O형이 주도권을 쥐고 B형을 잘 리드하면 매우 협조적인 관계가 이루어질 수 있다.

O형이 상사이고 B형이 부하인 경우, B형 부하는 상사의 지시에 순순히 응한다. 하지만 O형이 지극히 상식적이고 박력이 결여된 경우도 많으므로, B형의 부하로서는 어딘지 부족함을 느끼는 일도 있을 것이다. 또 허풍쟁이로 신용할 수 없다고 생각하기도 할 것이다.

한편 O형 상사 입장에서는 B형 부하가 하는 일이 변덕스러워 봐주기 힘들어한다. 이것은 양자의 특성으로 보아 당연한 결과일 것이다. 양자가 잘 지내기 위해서는 다음과 같이 하는 것이 바람직하다.

O형 상사는 자신에게 부족한 부하의 뛰어난 아이디어를 인정해주는 것이다. 자신의 생각과 맞지 않는다고 소홀히 취급하거나, 부하가 일을 더 많이 하는 것이 당연하다고 치부하면 B형은 토라져서 말을 듣지 않게 될 것이다.

B형이 상사이고 O형이 부하인 경우, O형 부하는 어느 정도 상사의 변덕도 받아주면서 어떻게든 일을 해내려고 할 것이다. 하지만 일정 한도를 넘으면 무슨 수단을 써도 움직이지 않게 된다. O형은 B형에 대해 강자이기 때문이다.

이것은 부부 관계에서도 마찬가지여서, B형 남편과 O형 아내인 경우에 이런 일이 일어나기 쉽다. 한 예를 들어보자.

B형 남편은 일은 잘하지만 술과 노름을 좋아해서 번 만큼 써버리기 일쑤였다. O형 부인은 그래도 잘 대처해나가며 가계를 꾸려나갔다. 바가지도 긁지 않고 무슨 일이 있어도 생글거렸던 것이다.

그러던 어느 날, 대수롭지 않은 일로 부부싸움을 하였다. 남편은 말싸움 끝에 얼결에 "나가!" 이렇게 말해버리고 말았다. 그러자 평소에는 남편의 막된 행동에 한 번도 화를 내본 적이 없었던 부인이 지체없이 짐을 정리해서 정말 집을 나가버린 것이었다.

평소에는 남편의 어리광스러운 행동을 너그럽게 포용했던 O형 아내도 일정 한도를 넘어서자 갑자기 강경한 태도를 취한 것이다.

직장에서도 마찬가지라고 할 수 있다. B형이 마음대로 해도 O형은 어느 정도까지는 관대하다. 하지만 B형의 행동이 그 정도가 지나칠 때는 O형은 철저히 맞서 싸울 힘을 숨겨두고 있는 것이다.

그런 특성을 파악하고 B형이 O형에게 접근해가면 O형은 B형을 위해서 기쁘게 도와줄 것이다. O형은 자신에게 없는 B형의 좋은 점을 인정하고 있기 때문이다.

B형(강)→A형(약)

A형과 B형은 음과 양, 정서파와 행동파와 같이 모든 면에서 대조적이다. 하지만 그만큼 양자가 협조한다면 아주 멋진 팀워크를 발휘한다.

B형이 상사이고 A형이 부하인 경우를 보자. 상사가 이틀 뒤에 있을 회의 자료를 작성하도록 부하에게 지시했다고 하자. A형 부하는 세심한 주의를 기울여 준비에 착수한다. 그리고 B형 상사에게서 내일 중으로 만들면 된다는 확인까지 얻었다고 하자.

다음날 아침, B형 상사는 부하의 얼굴을 보자마자 "이봐, 그 자료 다 됐나?" 하고 태연하게 말을 꺼낸다. B형의 변덕이다.

A형 부하는 "오늘 중으로 하면 된다고 말씀하셨습니다만" 하고 중얼거린다. 그러면 B형 상사는 "어, 내가 그런 말을 했나? 아니, 그건 좀 바쁜 건데. 좌우간 빨리 해주게" 하고 말하는 것이다.

A형 부하는 내심 불만스러웠지만 일단 급한 자료를 만드는 데 착수한다. 그리고 이런 일이 반복되어도 잠자코 해주는 것이다. 무리한

말을 해도 B형 상사를 위해 어떻게든 전력을 다하는 A형 부하, 이것은 B형에 A형이 약하기 때문이다.

이런 부하를 보고 B형 상사는 자신의 미흡한 점을 반성해야 하지만 B형 상사는 자신이 한 일은 생각하지 않고 불평불만이 많은 부하라고 생각하기도 한다.

혹은 B형 상사가 어떠한 아이디어를 제안하면 A형은 반드시 난색을 표한다. A형은 신중하고 보수적이기 때문이다. 그럴 때 B형 상사는 고집이 센 부하라고 생각한다.

하지만 이럴 때 B형 상사는 '이런 부하가 있어 브레이크를 걸어주기 때문에 실수가 적은 거야, 하고 생각해야 한다. 이렇게 생각해주는 B형 상사의 마음을 알고 나면 A형은 수고를 아끼지 않고 B형에게 전력을 다한다.

A형은 B형에 대해 약한 사람이기 때문에 O형처럼 느닷없이 강경한 태도를 취하지는 않는다. 하지만 마음을 닫아버리거나 자기함정에 빠져버리기도 한다. 그래서는 양쪽의 관계가 좋아지지 않는다.

반대로 A형이 B형을 부릴 경우에는 마음을 열고 B형의 좋은 점을 인정하는 태도가 중요하다. B형은 A형이 생각하는 만큼 다루기 어려운 존재가 아닌 것이다. 다만 B형에게 약한 모습을 보이거나 멸시를 당하는 일이 없도록 주의해야 한다.

A형 상사는 B형 부하에게 자꾸 업무를 맡겨보자. B형의 존재를 인정하고 중용하면 B형은 더 열심히 할 것이다. 의심이 지나친 나머지 신중한 자세를 취하면 B형 부하는 상사의 마음을 꿰뚫어보고 곧바로 게을러진다. 또 잔소리를 많이 하는 것은 금물이다.

A형(강)→AB형(약)

A형에게 AB형은 다루기 쉬운 존재다. 생글생글 웃으면서 상대방이 하는 말을 들으며, 부드럽고 느낌이 좋은 사람이라는 생각이 드는 상대는 AB형인 경우가 많다. 여기에서 A형이 마음을 놓고 자꾸 AB형의 마음속에 들어가려고 하면 뜻밖의 저항을 받는다. AB형은 코드가 맞지 않는 사람이라고 생각되면 잠자코 물러나 절대로 자기주장을 하지 않기 때문이다. 하지만 A형은 그것을 깨닫지 못한다.

A형 상사가 AB형을 부하로 두었다면 내버려두지 말고 분명하게 선을 그어두어야 한다. A형에게 AB형은 마음이 잘 맞는 우수한 부하이다. 그래서 A형은 그만 안심하고 일을 내맡기고 싶은 마음이 든다. 하지만 이것은 양쪽 모두에게 좋은 일이 아니다. AB형은 A형 상사가 그어놓은 선을 넘어 자유롭게 활동하는 버릇이 있고, 그런 부하를 보면 A형 상사는 제멋대로 구는 놈이라고 생각해버리기 때문이다.

A형은 "자네를 성장시키기 위한 틀을 세울 테니 내가 원하는 방향

으로 움직여주기를 바라네" 하는 식으로 충분히 설득한 후에 AB형의 협조를 얻는 것이 좋다. 그렇게 하면 AB형은 흔쾌히 A형에게 협조하게 될 것이다.

반대로 AB형이 상사일 경우 A형 부하는 다루기 불편한 존재이다.

어떤 공장에서 AB형 상사가 네 명의 부하와 일을 하는데 늘 다툼이 끊이지 않았다. 이 상사가 강하고 자신만만한 사람이라는 것은 혈액형을 보고도 알 수 있었다. 그런데 네 명의 부하 중 세 명이 A형이었다. 이들 부하들의 불만은 '상사는 말만 앞서고 하기 싫은 일은 전부 우리에게 떠넘긴다' 는 것이었다.

이 부서에서는 옆 부서의 부하와 교대하는 것으로 문제를 해결했다. A형 세 명을 O형, B형으로 바꾸자 부하와 다투는 일이 없어진 것이다.

하지만 직장에서 이와 같은 인사이동이 꼭 가능할 수는 없다. 만일 그대로 잘 지내보고자 한다면 AB형 상사가 직접 A형 부하들의 선두에 서면 된다. A형 부하들은 자신들의 노고가 아까워 상사의 말을 따르지 않은 것이 아니라 실패를 두려워했기 때문이다. AB형은 진취적인 기질이 있어 새로운 일을 자꾸 시도하려고 하지만 A형에게는 그런 자신감이 없다. 말로만 부하들에게 업무 지시를 하면 A형은 '실패하면 어쩌나' 하는 생각이 앞서는 것이다. 이럴 때는 부하에게 그저 막연하게 지시만 할 것이 아니라 구체적으로 지시하고 시범을 보인다면 A형은 안심하고 따라오게 될 것이다.

A형 부하의 입장에서 보면 AB형 상사는 변덕쟁이이다. AB형 상사는 무슨 일이든 증거를 가지고 말을 한다고 생각하지만 설명이 부족

한 경우가 많다.

충분한 설득력과 솔선수범이 A형을 다루는 AB형 상사의 마음가짐이다.

AB형(강)→O형(약)

AB형에게 있어서 O형은 다루기 쉬운 존재이다. 하지만 AB형이 단지 직감만으로 결론을 내어 O형을 무리하게 따르도록 하면 생각대로 움직여주지 않는 경우도 얼마든지 있다. O형은 납득이 되지 않으면 좀처럼 움직이려 하지 않는다.

AB형은 그런 O형의 태도에 아둔하다며 조급해할지도 모르지만 초조해하면 안 된다. 차분한 자세로 O형이 납득하기를 기다리는 것도 필요하다. 일단 납득을 하게 되면 O형은 아주 믿음직스러운 협력자가 될 것이다.

AB형 상사가 O형 부하를 다루는 포인트는 앞에서 기술했듯이 초조해하지 말고 차분하게 대처하면서 어느 정도는 맡겨두는 데 있다. 그렇게 하면 O형 부하는 상사의 범위를 넘보며 내달리는 일은 거의 없기 때문이다.

O형 부하가 보기에 AB형 상사는 '도대체 무슨 생각을 하고 있는 건지 알 수가 없다' 는 생각이 들 때가 많을 것이다. 따라서 AB형 상

사는 자신의 생각을 일단 상대에게 이해시키는 노력이 필요하다. O형 부하는 이해되지 않는 점이 있다면 주저 없이 물어본다. 이때 AB형 상사는 반드시 친절하게 설명하거나 힌트를 주어야 한다. 무엇보다 그대로 내버려두는 것이 가장 좋지 않다.

이번에는 O형이 상사이고 AB형이 부하인 경우를 생각해보자.

이 경우는 매우 다루기가 어려운 존재라고 할 수 있다. O형 상사가 아무리 AB형 부하에게 커다란 기대를 가져도 대부분 배반당하는 일이 많다.

O형 상사가 "그 친구는 일은 잘하는데 어딘지 위태위태해 보여" 하고 느끼는 부하는 거의 AB형이다. 요령이 좋고 무슨 일을 시켜도 소홀함이 없이 깔끔하게 처리하는 AB형 부하는 믿음직스럽기는 하지만 걱정스러운 존재이기도 하다.

AB형 부하에게는 약간 냉정함을 유지하면서 어느 정도 자유롭게 두는 것이 필요하다. 덮어둘 것은 꾹 눌러두면 되는 것이다. O형은 평소에는 냉철하고 안정되어 있지만 AB형에 대해서는 냉정함을 잃는 경우가 많다. 그리고 불안한 마음을 갖는다. AB형은 민감하기 때문에 그런 O형의 기분을 대번에 알아차린다. 따라서 부하를 대해도 동요하지 않고 무게 있고 침착한 태도를 취하는 것이 중요하다.

AB형 부하는 그런 상사의 불안을 해소시켜주려는 마음가짐이 필요하다. 귀찮은 생각이 들어도 상세한 부분까지 보고하는 것이 좋다. AB형이 자기함정에 빠져 상사의 신뢰에 대해 멋대로 행동하고 깔보려 들면 참다못한 O형 상사가 혹독한 처분을 내릴지도 모른다.

O형과 AB형은 상사와 부하의 관계에만 국한되지 않고 페이스의

차이와 감각의 차이만 극복하면 호흡이 잘 맞는다. 양자가 호흡을 맞추는 일은 좀처럼 쉽지 않지만, 그것만 잘 이루어지면 서로의 좋은 점을 잘 살릴 수 있다.

AB형(강)→B형(약)

AB형은 경우에 따라 논리적이고 신중하며 소극적인가 싶다가도, 어느새 자신에 넘쳐 태평이다. B형은 그런 AB형의 마음을 헤아리지 못해 곤혹스러워한다.

AB형이 상사이고 B형이 부하일 때 혈액형의 역학관계에서 보자면, AB형은 B형의 존재를 무시하고 강요만 하는 경향이 있다. 그런 상사를 B형 부하는 전제적인 인물로 생각하고 위축되거나 반발할 것이다. 상사는 부하에게 특히 공평하게 대하는 자세가 필요하다. 또 부하는 겉과 속이 다르지 않게 노력하는 자세가 요구된다.

반대로 B형이 상사이고 AB형이 부하일 경우, 우유부단하고 싫증을 잘 내는 상사의 태도에 부하는 비판적인 생각을 가질 수 있다.

B형 상사는 수완이 좋은 AB형 부하를 좋게 평가할 것이다. 하지만 상사 쪽에서 조금이라도 틈을 보이거나 적당한 태도로 대하면 AB형 부하는 곧바로 '이 사람은 아주 형편없는 상사'라고 생각하여 상사의 말을 무시하고 제멋대로 일을 진행시켜버린다.

이럴 때 B형 상사는 매우 신경을 써서 자잘한 점까지 지시하고, 보고를 요구해야 한다. 또 솔선하여 성실한 태도를 보일 때 AB형 부하의 신뢰감을 높이고 협력하려는 자세를 갖게 하는 것이다. B형 상사에게 AB형 부하는 속임수가 먹히지 않는 상대이지만 의지가 되는 부하이기도 하다.

AB형 부하의 입장에서 보면 B형 상사의 결점이 신경 쓰이지만 그것을 비판하거나 발목을 잡을 것이 아니라 상사의 결점을 커버해주려는 마음가짐이 중요하다.

상사와 부하의 관계뿐만 아니라 B형이 보는 AB형은 아주 매력적이지만 어딘가 요령부득의 까다로운 존재이기도 하다. 진심을 잘 내보이지 않으며, 이쪽에서 다가가려 하면 피해버리는 경우가 많아 B형으로서는 초조해진다. 약간 밀어붙이는 정도로 해두는 편이 오히려 서로의 이해를 깊게 할 수 있다.

AB형은 B형에 대해 안이한 마음이 되기 쉬워 아무래도 대하는 태도가 거칠게 된다. 이 점에 주의하여 약간의 배려를 하는 것만으로도 B형은 의외로 크게 감동할 것이다. 본래 AB형에게는 그런 사려 깊은 면이 있다.

B형의 결점으로는 지나친 간섭을 들 수 있는데, AB형은 특히 이 점을 참지 못한다. B형은 초조해하지 말고 참을성 있게 교제할 각오를 할 필요가 있다.

c·h·e·c·k

혈액형으로 알아보는 사람의 성격

사람을 꿰뚫어볼 수 있는 또 하나의 유력한 단서는 혈액형이다. 혈액형이 같은 사람은 기질적으로 공통점이 많고, 사람을 꿰뚫어보는 데 유력한 힌트가 되는 것은 틀림없다.

A형은 순종적이며 희생정신이 있다. 감정적이며 쉬 뜨거워지고 쉬 식는 경향을 보이고, 보수적이고 비관적이며 모든 것을 심각하게 생각하려는 특징이 있다.

O형은 객관적이고 논리적이며 화려하고 밝다. 남을 보살펴주기를 좋아하고, 현실적이며 풍부한 모방성과 완고함을 가지고 있다. 노력형이며 지배욕이 강한 특징을 가진다. 또한 모든 것을 끌어안는 포용력과 냉정함, 사물을 현실적으로 실행하는 활력이 있는 반면, 완고하고 고집스러운 일면이 있다.

B형의 특징은 주관적이고 충동적이며 집착심이 없고 본능적이라는 점을 들 수 있다. 본성이 활달하여 인간관계도 원만하지만 마음 한구석에 소외감을 가지고 있어 단체나 그룹과 잘 어울리지 못하는 일면도 있다. 또한 실행력이 있지만 흥미가 쉽게 바뀌고 지속성이 없다. 모든 사물에 대해 재빠르게 반응하지만 O형과 같은 논리성도 없고 A형과 같은 끈기도 없다. 감각으로 사물을 판단해버리기 때문에 변덕쟁이로 취급당하는 일이 많다.

AB형은 강한 마음과 자신감을 가지고 있으며, 합리적이고 현시욕이 강하다. 냉정하고 무신경하다. 결단이 빠르고 행동파지만 실패가 있으면 다른 곳으로 책임을 전가시키려는 점도 있다. 외면상으로 보면 눈치가 빠르고 기민한 행동을 취하는 것이 B형을 닮았다. 하지만 마음속으로는 신중하고 세심하며 헌신적인 A형의 면도 가지고 있다.

Human Relations

07

간단한 테스트로 꿰뚫어본다

당신의 업무 타입을 알아보는 간단한 테스트

테스트 1 다음 각 항에서 자신의 생각과 가깝다고 생각되는 것을 5항목 이상 선택하여 번호에 O표를 한다.

1 돈만 있으면 안 되는 일이 거의 없다.
2 애정이 없는 생활은 돈이 있어도 따분하다.
3 뭐니뭐니 해도 사람을 움직이는 힘이 최고다.
4 자유야말로 무엇과도 바꾸기 어려운 재산이다.
5 자신의 능력을 모두 발휘해야 행복해질 수 있다.
6 위험한 다리를 건너기보다 안전하게 살고 싶다.
7 분쟁이 없는 평화로운 생활이 최고다.
8 남들에게 바보 취급을 받지 않는 것이 중요하다.
9 인생에 있어 사람과 사람의 마음의 관계가 제일이다.
10 평범해도 행복한 가정생활을 꾸리는 것이 우선 문제다.
11 확고한 신념이 인생을 개척한다.

12 애정만으로는 밥을 먹을 수 없다.

13 남보다 조금이나마 앞서야 생활을 할 수 있다.

14 인생은 전쟁이다. 전쟁에서 이겨야 인생이 풍요로워진다.

15 불안요소를 없애는 일이 행복을 가져온다.

16 지위나 직책이 없어도 좋다는 말은 거짓말이다.

17 남에게 구속을 받는 것은 돈이나 지위가 있어도 어쩔 수 없다.

18 기술을 익히거나 자격을 취득하는 것이 안정된 생활을 위한 첫걸음이다.

19 학력이 낮으면 아무것도 할 수 없다.

20 인생은 근성이다.

21 신뢰할 수 있는 사람이 있다면 이보다 더 행복한 일은 없다.

22 남에게 의지할 수는 없다. 의지할 수 있는 것은 본인뿐이다.

23 인간은 성실한 것이 무엇보다 중요하다.

24 지옥의 재판도 돈만 있으면 문제없다.

25 의리와 인정을 잊으면 세상은 어둠이다.

당신이 O표를 한 항목을 다음의 체크리스트로 정리해보자.

Ⓐ 1, 3, 8, 13, 14, 16, 24 | 야심 · 자아욕구형

Ⓑ 2, 9, 11, 20, 21, 23, 25 | 정신 중시형

Ⓒ 6, 7, 10, 12, 15, 18, 19, 22 | 안전욕구형

Ⓓ 4, 5, 17 | 자유 · 자아실현형

당신이 체크한 번호가 위의 체크리스트 A~D 중 어디에 속하는가?

A에 집중(3항목 이상)되어 있는 사람은 야심 · 자아욕구형이다.

B에 집중(3항목 이상)되어 있는 사람은 정신 중시형이다.

C에 집중(3항목 이상)되어 있는 사람은 안전욕구형이다.

D에 집중(2항목 이상)되어 있는 사람은 자유 · 자아실현형이다.

의욕과 욕구불만이 동거하는 야심 · 자아욕구형

앞항의 테스트에서 A를 선택한 사람은 이른바 야심 · 자아욕구형이다. 이런 타입은 야심이 있고 타인의 인정을 받으려는 마음이 강하다.

'깨끗한 것만으로는 세상을 살아갈 수 없지. 힘(돈이든 권력이든)이 없으면 어떤 이상도 그림에 떡이다' 라고 생각하는 사람이다.

부모가 출세를 하지 못하여 세상살이에 울분을 품고 있는 것을 보고 성장했거나 고생스럽게 자란 사람이 이런 타입의 사고를 갖기 쉽다.

의욕이 넘치는 것이 이 타입의 장점이지만, 하나를 손에 넣으면 그 다음 것도 가지고 싶어하는 욕구가 자꾸 커지는 경향이 있다.

가난한 환경을 이겨내고 당대에서 재물을 쌓아 이른바 입신양명한 사람을 보면 대개가 권력 지향적이고 자아욕구 지향적이다. 역사상의 인물을 찾는다면 도요토미 히데요시(豊臣秀吉)가 이 타입에 해당하는 가장 전형적인 인물일 것이다. 현대에도 전쟁 벼락부자나 뇌물 사건을 일으킨 사람들에게서 이런 경향이 보인다.

모든 것이 풍요롭고 평화가 비교적 오래 지속되고 있는 요즘은 권력이나 자아에 대한 욕구가 예전만 못한 듯하다. 최근 젊은이들이 '욕심이 없다', '헝그리 정신이 없다'는 말을 듣는 것은 그것을 잘 보여주고 있다.

하지만 아무리 젊은이라 할지라도 잠재적으로는 훌륭해지고 싶어하고, 돈을 많이 벌고자 하는 마음에는 변함이 없을 것이다. 입으로는 계장 승진 정도를 우습게 여기던 사람도 일단 계장이 되기만 하면 태도를 바꾸어 의욕적이고 정력적으로 일하는 것이다. 또 이런 경우도 있다. 동기생이 승진을 했는데 자신은 누락되었다면 겉으로는 내색을 하지 않을지언정 내심 적지 않게 동요하게 된다. 그리고 이것은 어쩌면 지극히 당연한 반응이다.

지위와 돈은 분명 무언가를 실현할 유력한 수단이다. 이것을 중요하게 여기는 것은 절대로 이상한 것도 불명예스러운 것도 아니다. 다만 수단이 목적이 되어버린다면 그 사람의 운명에 악영향을 미치게 될 것이다.

입학시험이나 입사시험을 통과하는 일은 분명 하나의 과정으로서 중요한 일이다. 하지만 그것 자체가 골인 지점이 되어버리면 애써 난관을 돌파한 것이 무슨 소용이 있겠는가.

부장이나 과장의 의자는 좀더 큰일을 하기 위한 수단인데, 그 자체가 목적이 되어버린다면 그 의자에 앉아도 결코 기분이 유쾌하지는 않을 것이다. 일단 손에 넣은 것은 잃으면 안 된다는 마음이 강해지고 그것을 위협하는 것에 대한 불안감도 강해지기 때문이다. 이렇게 욕구가 강한 사람은 의욕적인 동시에 욕구불만의 경향도 강하고 불안에 사로잡혀 노이로제가 되기 십상이다. 이 타입은 그런 두 가지 측면을 모두 가지고 있는 사람들이다.

정신 중시형에는 감정에 호소한다

테스트 1에서 B를 선택한 사람은 정신적인 면을 중시하는 형이다.

성실함은 아주 중요한 덕목이다. 거기에는 어떠한 이론의 여지도 없다. 다만 '무엇에 대해 성실한가' 하는 점에 주목하기 바란다.

세상에는 그럴싸한 말로 사람들을 현혹하는 사람이 있다. 대의명분이 아무리 좋아도 알맹이가 엉성하면 성실함이 오히려 적이 될 우려도 있다.

일본인의 혈액형에는 A형이 많은데 일단 마음먹은 일에는 손해득실을 따지지 않으며 물불을 가리지 않고 뛰어드는 경향이 강하다. 집단의 단결력이라는 점에서 본다면 굉장한 힘을 발휘하지만 매우 위험한 일이기도 하다.

'YK식 테스트'로 가치관을 조사한 결과에서도 이 정신 중시형이 압도적으로 많은 것으로 나타났다.

이 타입을 이끌어갈 지도자는 이성에 호소하기보다 감정에 호소하는 쪽이 성공률이 높다. 거꾸로 당신 자신이 이 타입이라면 단순하게 기분이나 감상으로 판단하지 말고 한 박자 쉬며 냉철하게 생각하는 마음가짐을 가져야 할 것이다.

일본에서 엔카(演歌)가 깊은 사랑을 받는 것도 감상적인 사람의 마음에 기분 좋은 울림을 주고 있기 때문일 것이다.

정신 중시형의 또 하나의 장점은 동조 욕구가 강하다는 점이다. 이런 타입은 '내가 어떻게 해야 할까' 하는 것보다 '다른 사람들은 어떻게 생각할까'를 먼저 고려한다. 그래서 '맑고 올바르게'를 모토로 하면서도 옆 사람이 어떻게 생각할지 마음에 걸려, 어느샌가 주변으로 흐르는 경향이 강하다. 즉 본래의 정의감이나 결벽증보다도 분위기에 젖어버리는 것이다.

집단은 구성 멤버의 의사와는 관계없이 의외의 방향으로 끌려가는 경향이 있다. 노동운동이나 학생운동 등 그룹 활동에서 잘 드러나는 현상이다.

이 타입은 타인을 판단할 때도 '얼마나 일을 잘하는가', '어떤 실적을 올렸는가' 여부보다 감정적으로 좋고 싫은 것이 앞서버리는 일이 많다. 자신과 취향이 맞는 사람은 다소간 부족해도 괜찮다고 생각하지만, 취향에 맞지 않으면 철저하게 배척하려는 경향이 있다.

상사를 판단하는 경우에도 '리더로서 얼마나 신뢰할 수 있을까'가 아니고 '좋은 느낌인지, 나쁜 느낌인지'가 먼저이다. 부하를 평가하는 경우도 마찬가지이다.

이 타입을 대할 때는, 모든 일에서 내용과 목적보다도 그 느낌이 선행하는 경향이 있다는 것을 충분히 염두에 두어야 할 것이다.

사회에 적응하지 못하는 사람과 젊은이에게 많은 안전욕구형

테스트 1에서 C를 선택한 사람은 안전욕구형이다. 인생을 안전하게 살아가는 일이 무엇보다 중요하다고 생각하는 사람들이다.

이 타입의 사람들은 세상의 구조는 이미 틀이 짜여져 있어서 앞날이 뻔히 보이는 기분이라고 생각하며, 아무리 애태우고 조바심을 쳐봐야 그렇게 특별할 것도 없는 세상이라고 냉소적으로 바라본다. 그리고 젊은이들 사이에서 이런 사고방식을 가진 사람이 늘어나고 있다. 이것은 '돈이나 명예를 생각하지 않고 나의 취미에 맞는 삶을 살아가겠다', '그날그날을 느긋하게 사소한 것에 연연해하지 않고 살겠다'는 의미이다.

젊은이들이 무기력하고 무관심하다는 말은 이런 사고방식을 그대로 드러내고 있으며, 사실 우리가 실시한 'YK식 테스트'에서도 안전욕구형은 중장년층보다 청년층에게서 많이 나타났다.

기업이나 조직 내에서 이런 타입에게 동기부여를 하는 것은 쉽지 않다. 업무 지시를 하면 일단 시키는 대로는 한다. 하지만 그 이상은 생각해보려고도 하지 않는다. 그리고 "하라는 지시가 없었기 때문에 하지 않았습니다", "가르쳐주지 않았기 때문에 할 수 없었습니다" 하는 대답이 돌아오기 일쑤다.

C를 선택한 사람은 사회 부적응 문제를 일으키기 쉽고 문제 사원이 될 확률이 높지만, 그렇다고 절대로 머리가 나쁘거나 다른 사람보다 별나게 뒤떨어지는 것은 아니다. 어쨌든 리더의 입장에서는 이런 사람들을 다루는 데 많은 신경을 쓰지 않으면 안 될 것이다. 참을성 있게 그들과 함께 재미있어하는 일, 빠져들 수 있는 일을 찾아가는 수밖에 없다.

이 타입의 젊은이들은 자신들의 에너지를 발견하지 못하는 경우가 많으므로 그것을 잘 파악할 수 있도록 유도하면 의외로 의욕적인 존재로 거듭날 수 있다.

가장 문제가 심각한 것은 중년 이상이 이 답을 선택한 경우다. 아마도 그들은 과거에 몇 번인가 실패를 경험했을 것이고 강한 경계심을 가지고 있을 것이다. 어지간한 자극을 주지 않는 한 자신의 울타리에서 나오려고 하지 않기 때문에 청년층보다 더 대처하기가 어렵다. 만약 당신이 이런 타입의 사람과 관계를 맺어야 할 상황이라면 그들의 불안 요인을 없애주는 노력과, 어떻게 살아도 인생은 유한한 것이니 이왕 그렇다면 마음껏 편히 살자고 설득하는 노력이 필요하다.

반대로 당신이 이런 타입이라면 긴장을 풀고 편안하게 생각해보기를 권한다.

간섭을 싫어하고 변덕스러운 자유 · 자아실현형

테스트 1의 D를 선택한 사람은 자유 · 자아실현형이다.

이 타입은 타인에게서 간섭받는 것을 싫어하는 반면 자주성이 있어 어느 정도 맡겨두면 열심히 한다. 열심인 것은 좋은데 자칫 변덕을 부리기 쉽다. 기분이 나면 과감하게 무슨 일이든지 잘하다가도 마음이 내키지 않으면 제멋대로 내던질 우려도 있는 것이다. 혈액형으로 보면 B형에서 많이 보인다.

요즘 같은 개성시대에는 이 타입의 활약이 돋보이는 경우가 많은데, 자유와 함께 책임이 동반한다는 사실을 늘 염두에 두어야 한다.

아무리 능력을 최대한으로 발휘한다고 해도 그것이 단지 자기만족이나 오만이라면 사회에서는 받아주지 않을 것이다. 자신의 능력을 최대한으로 발휘하기 위해서는 무엇보다 자기 자신을 잘 알아야 할 필요가 있다. 우리들은 흔히 자신의 일은 자신이 가장 잘 알고 있다고 생각할 테지만 사실은 그렇지 않은 경우가 의외로 많다. 평소에 자신은 재능을 인정받지 못한다고 불만스러워하던 사람은 이 책을 통해서 타인을 꿰뚫어볼 단서를 찾는 것과 동시에 자기 자신을 되돌아볼 기회를 갖게 되기를 바란다.

이 타입을 지도할 때에는 특히 다음 사항에 주의하도록 한다. 첫째, 그 사람의 특색과 장점이 무엇인지를 구체적으로 파악한다. 둘째, 자유를 추구하는 것이 진정으로 능력을 발휘하기 위해서인지, 아니면 단지 현 상태에서 도피하려는 욕구가 강해서인지를 분명히 파악한다.

만일 후자의 마음이 강하다면 그것은 가짜이며, 설령 그것이 본인을 자유롭게 한다 해도 그저 게으른 버릇을 조장하는 일밖에 되지 않을 것이다. 이것은 본인을 위해서나 남들을 위해서나 반드시 경계해야 할 점이다.

자유 · 자아실현형은 무엇을 하고 싶은지, 그것을 위해서 가능한 것이 무엇인지를 분명히 하는 것이 먼저 해결해야 할 과제이다.

실제로 현 상태의 구속에서 벗어나려고 이론으로 무장하여 미사여구를 구사하는 사람은 제대로 된 일을 하지 못한다. 그것을 파악하는 것이 이 타입을 지도하는 포인트다.

어떤 타입에게도 해당되겠지만, 특히 이 타입에게는 "당신의 능력을 최대한으로 발휘시키기 위해 함께 생각해보자"며 격려해주는 것이 지도하는 사람의 바람직한 태도이다.

처음에는 귀찮아할지도 모르겠지만 상대방의 마음을 알게 되면 진정한 의미에서 가슴을 불태우려고 한다. 그렇게만 된다면 이 타입은 크게 성장할 것이다.

업무에 대한 당신의 자세를 알 수 있는 간단한 테스트

당신은 어떤 자세로 업무에 임하고 있는가? 또 주위의 부하, 동료, 상사 등은 어떤가? 업무에 대한 자세가 다르면 열의의 강도도 달라진다. 이것을 정확하게 파악하고 있다면 대인관계도 점점 맞아들어 갈 것이다.

테스트 2 다음 각 항에서 자신의 사고에 가까운 것을 5항목 이상 선택한다.

1 언제나 주위 사람들(동료와 상사)의 태도를 보고 행동한다.
2 업무상 누구에게도 뒤지지 않는 실적을 올린 적이 있다.
3 타사에서 스카우트 제의를 받은 적이 있다.
4 업무 처리 방식이 모두 자의에 맡겨지면 갈피를 잡지 못할 때가 있다.
5 업무와 관계없는 읽을거리는 주간지나 스포츠 신문을 읽는다.

6 항상 일 잘하는 부하나 후배를 주위에 두려고 노력하고 있다.
7 출퇴근 시간에 다른 곳에 들르지 않는다.
8 부하는 도움이 되지 못한다고 생각한 적이 있다.
9 사내에서와 같은 친구나 지인이 사외에도 있다.
10 일반적인 색으로 빨간색보다는 갈색, 녹색보다는 감색을 좋아한다.
11 부하의 실수로 자신이 책임을 지게 되는 일이 없도록 늘 조심하고 있다.
12 지금 당장 회사에서 퇴직해도 일자리를 구할 수 있는 기술을 가지고 있다.
13 전공 업무 이외의 분야에 대한 상담을 청하면 응해줄 사람이 있다.
14 본인에게는 없는 타인의 능력과 성격을 잘 파악할 줄 안다.
15 업무상이나 회사의 교제 이외의 친구나 지인은 많지 않다.
16 만일 회사가 도산한다면 재취업은 어려울 것이다.
17 상사와 선배에게서 업무상의 능력을 인정받는 일이 많다.
18 자신의 목표를 가지고 있다.
19 진정으로 마음을 줄 수 있는 동료나 친구가 거의 없다.
20 터프하다거나 끈기가 강하다는 말을 자주 듣는다.

당신이 O표를 한 항목을 다음의 체크리스트로 정리해보자.

Ⓐ 2, 3, 6, 9, 12, 13, 14, 17, 18 | 성과 중시형

Ⓑ 1, 4, 5, 7, 8, 10, 11, 15, 16, 19, 20 | 조직 · 인간관계 중시형

테스트 2의 O를 표시한 항목이 A에 집중되어 있는 사람은 '성과 중시형' 이다.

B에 집중되어 있는 사람은 '조직 · 인간관계 중시형' 이다.

비즈니스 프로에는 수준 높은 지식과 기능이 필요하다

테스트 2에서 A를 선택한 사람은 업무 중심, 성과 중심의 사고방식을 가지고 있는 사람으로 비즈니스 프로라고 해도 좋을 것이다. 또 현 시점에서 비즈니스 프로라고까지는 말하기 어렵다 해도 그렇게 되고자 하는 마음가짐을 가지고 있다면 역시 이 범주에 속한다고 할 것이다. 그러나 스스로 프로라고 생각해도 세상이 그것을 인정해주지 않으면 아무것도 아니다. 그래서 프로의 정의를 다시 한 번 곰곰이 생각해보는 것이 필요하다.

여기에서는 일단 '세상에서 통용되는 높은 수준의 지식과 기능, 마음가짐을 갖는 것'을 프로의 정의로 해두자. '돈이 되는 지식'으로 생각하는 사람도 있을 것이다.

또 하나 프로로서 빼놓을 수 없는 요건은 견실한 업적을 올릴 수 있는지의 여부이다. 아무리 훌륭한 성과를 올려도 그저 일시적인 것이라면 프로라고 할 수 없다. 누구에게나 상태가 좋을 때와 나쁠 때, 또 상승세를 탈 때와 그렇지 못할 때가 있는데, 그런 것을 초월하여 일정 수준 이상의 업무가 가능한 것이 프로이다. 더욱이 이런 심신 상태를 유지하는 것도 프로에게 주어진 사명이며, 다른 핑계가 있을 수 없는 것이 프로의 세계다.

프로야구 선수나 씨름 선수들의 예를 보면 잘 알 수 있을 것이다. 그들은 늘 뛰어난 기술과 견실한 성과를 요구받는다. 좋은 성과를 얻기 위해서는 심신의 상태와 기술을 일정 수준 이상으로 유지하기를 요구받는 것이다. 일정 수준을 유지하지 못하게 되었을 때에는 가차없이 처우에 반영된다. 패전이 많은 씨름 선수는 당연히 순위가 뒤로 밀리게 되고, 안타를 치지 못하고 에러만 연발하는 프로야구 선수는 여지없이 2군으로 밀려나게 된다.

그럼 우리 일반 사회인의 경우는 어떨까? 사실 프로 스포츠의 세계에 비하면 이 점은 아주 느슨하다.

일본 비즈니스 사회는 연공서열, 종신고용, 그룹 작업이 기조를 이루어왔기 때문에 역량이 부족한 사람은 다른 사람이 보완해주면서 그룹의 성과로 올리는 일이 일반적이었다. 생각해보면 아주 인정에 넘치는 방법이기도 하지만 능력이 부족한 사람과 의욕이 없는 사람을 온존하게 하는 시스템이기도 하다. 그래서 조직에 매달리는 인간을 조장하는 결과를 낳았다고 볼 수도 있다. 그 상징적인 예가 공무원의 복지부동이다.

이런 상태에서는 의욕에 넘치던 사람까지 의욕을 상실하게 되고 경영도 위기에 빠지게 된다. 앞으로는 조직 속에서 '프로란 무엇인가'를 다함께 진지하게 생각할 필요가 있다.

그러므로 직장에서는 사원들이 제 몫을 다하기 위해 필요한 지식과 기능 · 태도 등을 구체적으로 제시하여, 지도자는 그 원칙에 따라 지도하고 각 개인은 그런 능력을 습득하기 위해 진지하게 노력하는 자세가 필요하다.

조직 프로는 타협을 잘하고 욕구불만이 되기 쉽다

테스트 2에서 B를 선택한 사람은 조직이나 인간관계를 중시하는 사람이다. 협조성이 있는 것은 좋은 일이지만 그런 경향이 너무 강하면 자신을 극도로 억눌러 욕구불만이 될 가능성이 크다. 게다가 지나치게 조직에 의존하면 자기 자신을 잃어버리게 된다. 뒤집어서 말하면 몰개성적이고, 무사안일한 태도에 무슨 일이든 두루뭉술하게 얼버무리고도 아무렇지 않게 생각하는 사람이라는 평가를 받게 된다. 이런 상사 밑에서 일하는 부하는 견디기 힘든 심정일 것이다.

사람들 중에는 자신이 특별히 힘을 기울이지 않아도 주위 사람이 조금만 협조해주면 놀라울 만큼 능력을 발휘하는 알 수 없는 매력을 지닌 사람이 있다. 우리가 흔히 말하는 인덕이 있는 사람이 바로 이런 사람인데, 이들은 조직을 움직이는 힘이 뛰어난 이른바 조직 프로라고 할 수 있다.

반면에, 실력은 있으면서도 주위의 협조를 얻지 못하여 본인이 가지고 있는 힘을 충분히 발휘하지 못하는 사람도 있다. 그 이유는 간단하다. 바로 조직을 움직이는 힘이 없기 때문이다. 일본 사회에서는 앞서 말했던 업무 중심의 '비즈니스 프로' 보다는 '조직 프로' 가 커다란 힘을 발휘하는 경우가 많다.

비즈니스 프로는 철저하게 자기를 주장하여 조직에서 밀려나는 일이 없도록 하거나, 그렇지 않으면 자신의 힘을 적당하게 축적하면서 타인에게 발목을 잡히지 않도록 신경을 써야 한다.

'모난 돌이 정 맞는다' 는 속담이 일본 사회만큼 통용되는 곳도 드물 것이다. '힘 있는 매는 발톱을 감춘다' 는 말에 사람들이 공감하는 것도 이런 사회구조 때문이다.

이와 같이 우리들은 많든 적든 조직 안에서 타인과 협조하는 기술을 몸에 익히지 않으면 살아갈 수 없다. 하지만 타협만 잘한다고 능사는 아니다. 자신은 아무것도 하지 못하는 주제에 남에게만 이것저것 강요한다면 되는 일은 아무것도 없다.

테스트 2에서 B를 선택한 사람은 적어도 그런 세상살이의 기술을 습득하고 있다고 할 수 있다. 하지만 단지 그런 기술만으로는 업무의 성과를 올릴 수 없을 뿐 아니라, 결국은 무능한 사람이라는 낙인이 찍혀버리고 말 것이다. 이런 타입은 역시 중요할 때 팔을 걷어붙이고 승부를 거는 용기를 낼 필요가 있다. 그러면 의외로 사람들이 따라준다.

어떤 공장의 책임자 A씨는 전형적인 타협형이었다. 공장은 화기애애하며 A씨를 나쁘게 말하는 사람은(적어도 부하 중에는) 없었다. 그러나 공장은 적자 행진을 계속해왔고, 공장장인 A씨의 책임을 묻게 되는 사태로까지 번지게 되었다. A씨는 과감하게 원가절감 방침을 제시하였고 부하들은 기꺼이 따라주었다. 단기간에 공장의 코스트가 20퍼센트나 떨어졌고 흑자로 전환되었다. 타협형인 A씨가 용기를 내었기에 진정한 조직 프로로 탈바꿈할 수 있었던 것이다.

장래의 진로를 결정할 테스트

당신과 당신 주위 사람들이 자신의 미래에 대해 어떤 전망을 가지고 있는지 파악하기 위한 테스트를 해보기로 하자.

테스트 3 다음의 각항에서 자신의 생각에 가까운 것을 5항목 이상 선택한다.

1 타인에게 과감하게 일을 맡길 수 있다.
2 무슨 일이든 너무 큰 변화는 바람직하지 않다.
3 겉모습 따위는 개의치 않고 행동한다.
4 아이디어맨이다.
5 의기충천하여 일을 하는 편이다.
6 후진을 키우는 일을 잘한다.
7 무슨 일이든 혼자 잘 처리하는 편이다.

8 다소 불만이 있어도 잘 참고 사람을 부리는 관용을 가지고 있다.

9 '굵고 짧게' 보다 '가늘고 길게' 를 신조로 삼고 있다.

10 매우 현실적인 사고방식을 가지고 있다.

11 정보수집의 수완이 좋다.

12 대국적인 견해를 가질 자신이 있다.

13 안 좋은 버릇이 있다는 말을 들은 적이 있다.

14 머리 회전이 빠르다(재치가 있는 편이다).

15 무슨 일이든 실수 없이 하는 편이다.

16 인생에 그다지 많은 기대를 하지 않는 편이 좋다고 생각한다.

17 무슨 일이든 귀찮아하지 않고 싹싹한 편이다.

18 전략, 전술 세우기를 잘한다.

19 세심한 주의를 기울일 줄 안다.

20 앞으로 나서는 것에 익숙하지 못하다.

21 사전 교섭을 잘한다.

22 많은 사람을 통솔하기가 쉽지 않다.

23 적극성보다 정확함을 중요시하는 편이다.

24 누구에게도 뒤지지 않을 기능(또는 자격)을 가지고 있다.

25 스스로도 놀랄 정도로 직감력이 뛰어날 때가 있다.

26 뛰어난 아이디어와 재능을 꿰뚫어 활용하는 수완이 좋다.

27 한걸음 한걸음씩 쌓아가는 편이다.

28 자신에게 주어진 직책(에 대한 임무)을 다하는 것이 제일이다.

당신이 O표를 한 항목을 다음의 체크리스트로 정리해보자.

Ⓐ 1, 6, 8, 12, 19, 25, 26 | 리더 지향

Ⓑ 4, 5, 11, 14, 18, 21 | 참모 지향

Ⓒ 3, 7, 10, 13, 17, 20, 22, 24 | 독주자 지향

Ⓓ 2, 9, 15, 16, 23, 27, 28 | 스태프 지향

당신이 체크한 번호가 위의 체크리스트 A~D 중 어디에 속하는가?

A에 집중되어 있는 사람은 리더 지향적이다.

B에 집중되어 있는 사람은 참모 지향적이다.

C에 집중되어 있는 사람은 독주자 지향적이다.

D에 집중되어 있는 사람은 스태프 지향적이다.

장래의 힌트—4가지 타입

지금까지 일본의 비즈니스 사회에서는 학력과 연령, 경험에 따라 승진하는 것이 보통이었다. 하지만 고령화 · 고학력화 사회가 되면서 그것도 여의치 않게 되었다. 어느 정도 햇수가 지나면 차츰 승진하는 관행이 흔들리게 된 것이다. 이것은 아무리 순번을 기다려도 차례가 돌아오지 않는 사람이 점점 더 많아진다는 것을 의미한다.

이제 우리가 자신의 진로와 장래에 대해 진지하게 생각할 이유가 여기에 있다.

회사의 인사라는 것이 내가 원하는 대로 되는 것도 아닌데 그런 생각을 해봐야 헛수고라는 의견도 있을 것이다. 하지만 자신이 회사에서 어떤 목표를 가지는 것이 가장 적절한지 알고 있다면 상황은 달라진다.

상사는 부하의 장래를 생각하면서 업무를 맡기고 이끌어주는 것이 중요하다. 당장 현재 맡고 있는 일을 실수 없이 처리하는 것도 필요하지만, 부하를 오로지 한 가지 일만 담당하게 한다면 부하는 따라오지 않을 것이다. 한 인재조사기관에서 비공식적으로 조사한 바에 의하면, 전직을 희망한 사람은 중장년뿐만 아니라 20대의 젊은이들도 많았다고 한다. 그 동기를 물었을 때, "상사가 미래에 대한 통찰력이 없기 때문이다"라는 대답이 가장 많았다고 한다.

이것은 현재만을 생각할 뿐 미래에 대한 통찰력이 없는 상사를 부하들이 불신하고 있음을 말해주는 것이다.

이미 알고 있겠지만 이 테스트 3은 중견 간부로 성장해나가는 4가지 노선을 가리키고 있다. 지금까지는 모두 A타입의 리더가 되려고 노력해왔으며, 관리자가 되는 것만이 오직 승진하는 길이라고 생각해왔다. 하지만 지금은 상황이 달라졌다. 고전적인 리더 외에도 다양한 타입의 리더가 요구되는 시대인 것이다. 다음은 현대가 요구하는 리더의 대표적인 4가지 타입이다.

- 관리자 타입
- 참모 타입
- 독주자(獨奏者) 타입
- 스태프 타입

관리자형 리더의 7가지 조건

87항의 테스트 3에서 A를 선택한 사람은 관리 감독자(직장의 리더)를 목표로 하는 타입이다. 하지만 리더를 목표로 한다고 해서 그 사람이 리더에 꼭 맞는 사람이라고는 할 수 없다. 사람들 앞에 서려면 그 나름의 자격을 갖추고 있지 않으면 안 된다. 특히 오늘날과 같이 고학력자가 늘어나고 사람을 쓰는 일이 전례 없이 어려워진 시대에는 단지 '골목대장' 정도의 위치에 있는 것으로는 리더를 해낼 수 없다.

리더를 목표로 하는 것은 좋지만 진정으로 자신에게 그 자격과 소질이 있는지를 다시 한 번 되짚어볼 필요가 있다.

다음은 관리자 중심의 리더가 되기 위한 7가지 조건이다.

- **타인에게 일을 일임할 수 있어야 한다** | 아무리 일을 잘한다 해도 모든 일을 직접 관장하고 일일이 참견하면 아랫사람을 리드할 수 없다.
- **전체를 바라보고 장기적으로 통찰할 수 있어야 한다** | 눈앞의 일에만 정신이 팔려 변화에 대응하지 못하면 그룹이 나아가야

할 방향을 제대로 제시하지 못하게 된다.

- 결단력이 있어야 한다 | 우유부단한 사람, 다른 사람이 의견을 물어도 정확한 대답을 내놓지 못하는 사람은 신뢰를 얻기 어렵다.
- 자기희생 정신이 있어야 한다 | 사람들을 이끌기 위해서는 타인을 배려하고 부하의 힘을 끌어낼 수 있어야 한다. 언제나 자기 자신만을 우선시하는 에고이스트는 절대 부하의 지지를 얻을 수 없다.
- 문제해결 능력이 있어야 한다 | 리더는 그룹의 문제를 자주적으로 발견하고, 그것을 해결해 나가는 '눈'과 '행동력'을 필요로 한다. 리더의 업무는 문제를 미연에 방지하고 문제가 발생되면 적극적으로 해결하는 것, 즉 문제해결사라고 해도 좋을 것이다.
- 추진력이 있어야 한다 | 아무리 좋은 아이디어를 가지고 있어도 말뿐이거나, 설령 실행을 해도 벌려만 놓는 상태는 곤란하다. 리더는 업무 처리에 있어서 밀어붙이는 추진력이 필요하다.
- 자기 자신을 잘 알아야 한다 | 우월감에 빠져 독불장군처럼 군다면 사람들을 리드해 나갈 수 없다.

이상의 조건을 보고 당신, 혹은 주위 사람들이 리더로서의 조건을 갖추었다고 할 수 있는지 생각해보자. 자기 혼자 아무리 그렇다고 생각해도 여기에서 제시한 조건에 해당되는 사항이 적다면 뛰어난 리더가 될 수 없다. 리더란 이와 같은 가혹한 요구에 부응할 수 있는 사람이 아니면 안 된다.

참모형 리더로 성공하는 조건

테스트 3에서 B를 선택한 사람은 참모를 자인하는 사람이다. 이 경우에도 본인의 생각만 그래서는 소용이 없고, 참모로서 성공하기 위해서는 얼마간의 조건이 필요하다.

다음은 현대 참모가 갖추어야 할 7가지 조건이다.

- 정보 감각이 뛰어나야 한다 | 참모의 생명은 말할 것도 없이 정보다. 하지만 그저 정보를 모으고 분석하는 것만으로는 아무 쓸모가 없다. 현대는 정보가 넘쳐나는 정보화 시대인 것이다. 중요한 것은 넘치는 정보를 효율적으로 모으고 적절하게 선택하는 것이다. 물론 그러기 위해서는 두말할 것도 없이 예리한 감각이 필요하다.
- 아이디어와 기획력이 있어야 한다 | 신제품의 개발과 판매 촉진, 직장 환경의 개선, 원가 절감 등 어떤 분야든 뛰어난 아이디어와 기획력이 필요함은 두말할 것도 없다.
- 표현력과 설득력이 있어야 한다 | 아무리 뛰어난 아이디어라도

사람들을 이해시킬 수 없다면 아무 소용 없다. 소비자는 물론이고 거래처와 사내 직원들을 이해시키려면 자신의 생각을 정확하게 표현하고 설득해서 마음을 움직일 수 있어야 한다.

- 강력한 무기를 가져야 한다 | 참모는 주위 사람들로부터 대접받는 일도 중요하지만, 그저 편하게 필요할 때만 찾는 존재로 끝나서는 안 된다. 참모의 지위를 확립하기 위해서는 그 나름의 무기가 필요하다. 예를 들면 어학능력이나 법률지식, 그것도 한 분야만 아는 것으로 끝나는 전문바보가 아닌 이것들을 도구로 하여 참모로서의 힘을 발휘할 수 있어야 한다.
- 인간적인 신뢰감을 주어야 한다 | 참모는 수완이 좋아야 하지만 그 때문에 다른 사람에게 경계심을 품게 한다면 문제가 있다. 수완가는 자칫 사람들에게 배신에 대한 경계심을 불러일으킬 우려가 있다. 이 점에 특히 주의하고 신뢰감을 얻을 수 있도록 하는 마음가짐을 갖지 않으면 안 된다.
- 자기함정에 빠지는 것을 경계해야 한다 | 아이디어를 내는 사람은 자신의 기획이나 작전에 취하는 경향이 있다. 이래서는 참모로서의 역할을 다할 수가 없다.
- 운이 따라야 한다 | 참모로서 성공하려면 의기투합할 수 있는 리더를 만나는 것이 무엇보다 필요한 조건이다. 그러려면 본인의 노력도 물론 필요하지만 모름지기 좋은 파트너를 만나는 행운이 있어야 참모로서의 길을 펼칠 수 있다. 사람들과의 만남을 잘 살려서 운을 끌어들이는 힘이 없다면 참모로서 성공할 수 없다.

이상과 같이 참모에게는 다분히 소질이 요구된다. 한마디로 말해서 감성이 뛰어난 사람이라고 할 수 있을 것이다. 그것이 없으면 아무리 참모로 성공하고 싶어도 뜻을 이루기는 힘들다.

당신과 당신 주위 사람들은 어떨까?

개성을 살리는 독주자형

테스트 3에서 C를 선택한 사람은 독주자형이다. 탈(脫) 샐러리맨을 꿈꾸는 사람이나 회사에서 근무를 계속한다 해도 전문직에 종사하는 사람들에게 어울리는 타입이다. 하지만 전문직이라 해도 다음 항에서 다루어질 스태프형에 해당하는 전문직과는 달리 자기현시욕과 야심이 강한 사람이다. 그래서 조직원으로서는 문제를 일으키기 쉽다. 물론 본인의 노력 여하에 따라 조직에서도 잘 적응해나갈 수는 있지만 여간해서 쉬운 일이 아니다.

독주자형이 조직에서 잘 지내려면 타협을 생각하기보다 몰두할 수 있는 일을 찾아내는 편이 현명하다고 할 수 있다. 이런 타입은 타협을 하려면 아무래도 무리가 생기기 때문이다.

몰두할 수 있는 일로는 공격형 업무, 가령 개발부서나 영업부서에서 전혀 알지 못하는 분야에 도전하는 업무를 생각해볼 수 있다. 어쨌든 이 타입의 특색과 장점을 잘 살리려면 다음과 같은 조건이 필요하다.

- 남보다 의욕을 배로 높이고 다른 사람은 도저히 흉내낼 수 없는 것을 연구해야 한다.
- 의욕을 북돋울 수 있는 목적을 갖는다(지도하는 입장이라면 부하들에게 목적을 가질 수 있게 해준다).
- 주위에서 납득할 수 있는 실적을 올려야 한다.

이와 같은 조건이 충족되지 않은 상태에서 제멋대로 행동한다면 주위에서 고립당하고 사회에 적응하지 못하는 사람이 되어버릴 것은 뻔하다. 다소간은 형식을 파괴해도 그 사람 나름의 존재가치가 인정되면 독주자의 개성은 살아난다는 말이다.

오늘날과 같이 다양하고 복잡한 시대에는 독주자형에 속하는 개성 강한 사람들을 활용하는 것도 큰 의미가 있다. 이 타입은 점잖은 사람들이 주저하는 곤란한 일에도 도전하는 용기와 행동력을 가지고 있기 때문이다.

독주자형은 사면초가의 상황에 처하거나 황량한 미개척지에서 고군분투하는 상황에 맞닥뜨려도 고독을 힘들어하지 않는다. 잘만 하면 오히려 그런 역경에 적응하기까지 한다.

기업의 외국 주재원이나 보도 관계 특파원 등이 그 전형적인 독주자형이다. 평범한 성격이 아닌 독주자 타입이 국제 사회에서는 오히려 활약하는 경우가 많은 것이다.

보수적인 일본의 학회나 산업계에서 받아들여지지 않는 인재가 외국에서는 오히려 높은 평가를 받는 것도 이런 맥락에서 생각할 수 있다. 따라서 사회를 활성화시키기 위해서도 독주자형을 널리 활용하는 길이 열려야 하며, 당신이 독주자형이라면 앞으로 당신이 활동할 장이 점점 넓어질 것이라고 기대해도 좋을 것이다.

다만, 어떤 경우에도 도전 정신과 그것을 뒷받침할 수 있는 힘을 기르는 일이 전제되어야 함은 두말할 나위도 없다.

스태프형은 마이 페이스로 꾸준한 타입

테스트 3에서 C를 선택한 사람은 스태프형이다. 타인에게 인정받을지를 생각하는 것은 다음 문제이고, 이른바 마이 페이스로 꾸준하게 착실히 일하는 타입이다. 사람들과 마찰을 일으키는 일은 거의 없지만 그다지 사교적인 편이 못 된다. 하루 종일 아무와도 이야기하지 않고 책상이나 기계 앞에 앉아 있어도 힘들어하지 않는다. 다음 항에서 해볼 테스트 4에서는 '대물형'으로 결과가 나오는 경우가 많다.

스태프가 없다면 세상은 돌아가지 못한다. 경기장의 정비가 나쁘면 선수는 안심하고 경기를 할 수 없고, 무대장치와 조명이 잘못되면 연기자의 명연기도 멋이 없어진다. 철도의 보수요원이나 비행기의 정비사가 손을 놓으면 생명과 관련된 대형사고가 일어날 우려도 있다.

이와 같이 스태프가 맡은 사명은 아주 중대하다. 그럼에도 불구하고 스태프가 세상의 조명을 받는 일은 많지 않다. 세일즈맨은 표창도 받고 해외여행 등의 포상을 받지만, 그것을 받쳐주고 있는 서비스 요원이나 사무원들에게 그런 표면화된 기회가 주어지는 경우는 거의 전무하다고 해도 좋을 것이다. 상사의 입장에서는 스태프형에게 그런 기회를 만들어주어야 하고 일상 업무 속에서도 그 존재를 인정해주는 자세가 필요하다. 하지만 스태프를 무리하게 변신시키려는 것은 금물이다. 신중하게 접근해야 하는 것이다.

어느 중견기업의 관리자 연수 때의 일이다. C라는 검사과장이 있었다. C씨는 오로지 검사만으로 20년의 경력을 가진 베테랑이었다. C씨는 검사의 달인이었지만 과장에 꼭 어울리는 사람은 아니었다. 회사의 최고경영자는 C씨가 과장으로서의 관리 능력을 쌓도록 해야겠다는 생각으로 이 연수에 참가시켰다. 나도 처음에는 C씨가 훌륭한 과장이 될 수 있도록 여러 가지 조언을 시도해보았다. 하지만 C씨와 얼마간 이야기를 나누면서 그를 변신시키는 것이 꼭 최선은 아니라는 생각이 들기 시작했다.

C씨는 원래 말수가 적고 조용한 성품으로, 업무상 '정확도' 에서 그보다 나은 사람이 없다고 사내에 정평이 나 있었다. C씨가 제시한 수치나 각종 자료는 완전무결하다고 할 정도였다.

몇 차례 연수를 실시하는 동안에 C씨의 동료들은 부하의 지도와 업무 개선에 여러 가지로 의욕적인 모습을 보였지만, C씨만은 점점 더 말수가 적어지고 자신감을 잃어가고 있었다. 그래서 나는 C씨에게 만큼은 특별히 다음과 같은 어드바이스를 하였다.

첫째, 종전처럼 자신에게 주어진 업무를 확실하게 수행할 것.

둘째, 단 C씨 특유의 업무 비결, 즉 노하우는 가능한 한 다른 사람들에게 알리는(표준화할 것) 노력을 할 것.

스태프형은 부자연스럽게 변신하기보다 기본을 충실하게 지키는 데 철저한 것이 그 사람의 능력을 살리고 충분히 활용하는 방법이다.

장점을 파악하는 테스트

테스트 4 다음의 a, b중 자신에게 맞는다고 생각되는 것에 O표를 해보자.

1 Ⓐ 주어진 환경 속에서 어떻게든 노력한다.
  Ⓑ 끊임없이 자기 환경의 개선을 위해 노력한다.
2 Ⓐ 커다란 일을 맡게 되면 허둥댄다.
  Ⓑ 나에게 일임된 일에서 의욕을 느낀다.
3 Ⓐ 지금까지의 방식을 가능한 한 바꾸고 싶지 않다.
  Ⓑ 내 나름의 방식을 연구하고 싶다.
4 Ⓐ 해본 적이 없는 일은 가능한 한 하고 싶지 않다.
  Ⓑ 변화된 일을 다양하게 해보고 싶다.
5 Ⓐ 스케일이 큰 일을 생각하는 것은 쉽지 않다.
  Ⓑ 무슨 일이나 대규모다.
6 Ⓐ 그룹 내에 의견 대립이나 풍파가 생기면 다소 불만이 있어도 내가 양보하는 편이다.

Ⓑ 그룹 내에서 의견 대립이 생기면 다소 풍파가 생겨도 철저하게 논의하려고 한다.

7 Ⓐ 정확제일이 일의 모토이다.

Ⓑ 다소 실수가 있어도 속도를 모토로 하고 있다.

8 Ⓐ 무슨 일이든 무난하게 하고 싶다.

Ⓑ 다소 위험을 감수하더라도 무슨 일이든 해보고 싶다.

9 Ⓐ 치밀한 일을 잘할 수 있다.

Ⓑ 무슨 일이든 대강대강 넘어간다.

10 Ⓐ 일반적으로 잘 참는 편이다.

Ⓑ 단조로운 업무는 참지 못한다.

11 Ⓐ 단기간에 많은 일을 해낼 수 있다.

Ⓑ 단기간에 많은 일을 처리하는 것은 서툴다.

12 Ⓐ 비교적 싫증을 잘 내는 편이다.

Ⓑ 하나의 일을 장시간 계속할 수 있다.

13 Ⓐ 동작이 민첩한 편이다.

Ⓑ 비교적 여유로운 페이스로 일하는 편이다.

14 Ⓐ 보통 사람보다 걸음걸이가 훨씬 빠르다.

Ⓑ 그다지 빠른 걸음걸이는 아니다.

15 Ⓐ 차분히 생각하기보다 얼른 실행하고 싶어한다.

Ⓑ 차분히 생각한 후가 아니면 실행하지 않는다.

16 Ⓐ 결론을 빨리 내는 편이다.

Ⓑ 결론은 서두르지 않는 것이 좋다.

17 Ⓐ 무리하는 면이 제법 있다.

Ⓑ 무슨 일이든 무리 없이 꾸준하게 하는 편이다.

18 Ⓐ 덜렁대는 면이 있다.

Ⓑ 언제나 차분한 편이다.

19 Ⓐ 기분 전환이 빠르다.

Ⓑ 기분 전환이 쉽지 않다.

20 Ⓐ 남보다 빨리 지치는 편이다.

Ⓑ 남보다 배는 정력적이다.

21 Ⓐ 많은 동료들과 함께 일하고 싶다.

Ⓑ 책, 도면, 기기 등에 열중하는 것이 즐겁다.

22 Ⓐ 남에게서 존경받거나 인정받을 때 기쁘다.

Ⓑ 남이 어떻게 생각하든 자신의 목표를 달성했을 때 의욕을 느낀다.

23 Ⓐ 여럿이 시끌벅적하게 일하는 것을 좋아한다.

Ⓑ 혼자 조용하게 있고 싶다.

24 Ⓐ 시끌벅적한 곳이 좋다.

Ⓑ 조용한 곳이 아니면 안정이 되지 않는다.

25 Ⓐ 동료가 없으면 어쩐지 불안하다.

Ⓑ 혼자 있는 것이 괴롭지 않다.

O표를 한 항목에 따라 다음과 같은 체크리스트를 만들 수 있다.

1~10…	a=브레이크형	b=액셀형
11~20…	a=단거리형	b=장거리형
21~25…	a=대인형	b=대물형

액셀형과 브레이크형의 차이는 기본적, 소질적인 것

테스트 4에서 당신과 당신 주위 사람들은 어떻게 대답했을까?

먼저 1~10항목에서 b가 많은 사람은 액셀형이고, a가 많은 사람은 브레이크형이다. 시각의 차이는 있겠지만, 일반적으로 무슨 일이든 '전체에서 부분으로', '부분에서 전체로' 라는 두 가지 방법이 있다.

액셀형은 전체적인 파악에 중점을 두고, 지엽적인 문제는 다음으로 미루는 경향이 있다. 업무는 속도감이 있고 적극적이다.

이에 비해 브레이크형은 일일이 확인하면서 단계적으로 진행하지 않으면 마음이 개운하지 않은 사람이다. 업무 속도는 액셀형에 비하면 느리고 대처법도 신중하다.

이와 같은 자세의 차이는 다분히 기본적이고 소질적인 것이기 때문에 그저 다른 사람의 흉내를 내는 것은 어렵거니와, 타인에게 자신의 처리방법을 밀어붙이려고 해도 생각대로는 되지 않는 경우가 많다.

사람을 지도하는 경우에는 이 점을 염두에 두지 않으면 애를 먹게 된다.

이 답은 어느 쪽 방법이 옳다고 단정 지을 수는 없다. 다만 자신과 다른 타입을 만났을 때 이를 잘 활용하여 서로에게 좋은 점을 살릴 방법을 연구해야 할 것이다.

가령 같은 경리 관련 업무에서도 관리회계와 세무회계가 있는데, 전자는 액셀형에게, 후자는 브레이크형에 맞는다. 관리회계에서는 1천 엔 단위, 때로는 1백만 엔 단위가 오가지만 세무회계에서는 단돈 1엔의 실수도 용납되지 않는다.

그렇다고 업무의 신속함과 정확함이 꼭 상반되는 요소만은 아니다. 예를 들어 크레펠린 검사에서는 빠른 사람이 정확한 경향을 보인다는 것은 앞에서도 언급한 대로이다.

여기에서 다룬 액셀형과 브레이크형이라는 분류는 업무의 스피드나 정확도가 아니라 사물을 보는 눈과 대처하는 자세에 초점을 맞춘 것이다.

액셀형과 브레이크형의 경우는 앞항에서 기술한 대인 · 대물의 차이와 마찬가지로 노력으로 극복할 수 있는 부분이 한정되어 있다고 생각된다. 따라서 주의를 기울여 파악하지 않으면 부적절한 인사가 되기도 하고 자신감을 잃어버릴 우려가 있으므로 지도자의 세심한 주의가 요구된다.

단거리형과 장거리형은 골인 지점이 다르다

액셀형과 브레이크형의 차이는 다른 시각에서 보면 단거리형과 장거리형이라는 분류법과도 상통한다. 테스트 4의 11~20항목에서 a가 많은 사람이 단거리형, b가 많은 사람이 장거리형이다.

액셀형의 경우는 행동이 빠르고 단기전에 능하다. 하지만 끈기가 부족하여 무슨 일이든 곧바로 내던지는 습성이 있다. 처음에는 기세 좋게 시작하지만 곧바로 지쳐버린다. 즉 단거리형이다. 한편, 브레이크형은 차분하고 꾸준히 노력하기 때문에 오래간다. 즉 장거리형인 것이다.

단거리형은 자신의 예상이 틀어지면 여기저기 조금씩 참견해보느라 아무런 결실을 얻지 못하지만, 장거리형의 경우는 오랜 기간의 노력이 열매를 맺어 한꺼번에 개화할 가능성도 충분하다.

단거리형은 재치가 있어 임기응변적인 일을 잘 처리하므로 그때그때는 대접을 받지만 장기적으로는 결국 아무런 보람도 얻지 못할 위험성이 있다. 즉 '재주 있는 사람이 가난하다' 는 말이 그대로 들어맞을 우려가 있다. 단거리형에게 임기응변적인 일만 맡긴다면 본인을 위해서 좋지 못하다는 점을 충분히 새겨두어야 할 것이다.

장거리형은 언뜻 둔감해 보이고 그다지 도움이 될 것 같지 않아 보여도 꾸준하게 지도를 하면 나중에 크게 성장하기도 한다. 하지만 언제 그 눈을 뜰지는 아무도 보증할 수 없다. 장거리형은 어떤 의미에서 대기만성형이라고 할 수 있지만, 그것이 큰 그릇인지 작은 종지인지, 혹은 만성(晩成)을 하게 될지 아니면 그대로 주저앉을지를 꿰뚫어보는 것은 지극히 어려운 기술이다.

다만 장거리형이 크게 성장할 때는 반드시 전조를 보인다는 것이다. 그것을 놓치지 않는 것이 관건이다.

장거리형을 포기해야 한다면 어느 시점에서 포기해야 할까? 단정하기는 어려운 문제지만 일단 3년이라는 기한을 두어보면 어떨까? '서당 개 3년이면 풍월을 읊는다' 는 속담은 선인들의 지혜가 담긴 적절한 가르침이다.

더 이상은 무리라는 생각이 들 때도 있을 것이다. 그러나 그 누구라도 이런 벽에 맞닥뜨리고, 더러는 극복해낸다. 그러니 포기하려고 생각했을 때가 미로에서 빠져나오기 직전일지도 모른다. 포기하려는 마음이 들 때 좀더 노력해볼 일이다.

이것이 장거리형 본인이나 그 상사가 가져야 할 중요한 마음가짐이다.

한편, 단거리형은 애타게 실적을 찾아 헤매지 말고 차분하게 '작은 성공' 을 맛보며 그것을 쌓아갈 필요가 있다. 어중간한 상태에서 내팽개쳐버리는 버릇이 있다면 나름의 제동장치(자신이 한 일을 그때그때 확인할 수 있는 장치)를 만들어놓는다. 이 타입은 결과가 좋을 때는 인정을 받고, 나쁠 때는 부끄러움을 느끼는 절실함이 있을 때만이 진지해진다.

대인형인지 대물형인지로 사람을 꿰뚫고 활용한다

테스트 4의 21~25항목에서 a를 선택한 사람은 대인형, b를 선택한 사람을 대물형으로 해두자.

우리들은 평소에 다른 사람들에게 자신의 의사를 전달하고, 또 상대의 의사를 받아들이기 위해서 말하기, 듣기, 쓰기, 읽기라는 행위를 한다.

사람들과 이야기하기를 좋아하는 사람, 그리고 말하는 것이 힘들지 않는 사람은 말하기, 듣기를 중심으로 의사전달(받아들이기)을 한다.

세일즈맨은 전형적인 대인형 업무라고 할 수 있다. 따라서 "일일보고서를 써라", "전표를 끊어라" 하는 말을 듣는 것을 싫어하는 것이 보통이다. 이에 비해 서류가 중심인 사무직이나 도면을 취급하는 설계기사 등 대물형 업무를 하는 사람들은 말하기를 내켜하지 않는 경우가 많다.

제조 현장의 기능인이라면 양쪽 모두 싫어하는 사람도 있겠지만 기계를 만지는 일은 좋아할 것이므로 대물형 업무에 들어가야 한다. 그중에는 '나는 이야기하기가 특기는 아니지만 글이나 문장이 서투르니 대인형이겠군' 하고 생각하는 사람도 있을 것이다. 또 드문 경우이기는 하지만 말하기나 쓰기 모두 자신이 있는 사람도 있을 것이다.

이와 같이 양쪽이 다 서툴거나 양쪽 모두 잘하는 사람을 대인형과 대물형 중 어느 쪽으로 분류해야 할지 모호하기는 하지만, 편의상 말하기나 쓰기 중 어느 한쪽으로 나누어서 생각해보자.

대인형은 일반적으로 외향적이고 행동적이지만 사고방식이나 행동에 일관성이 없고, 무슨 일이든 충동적이 되기 쉽다. 대물형은 내향적이고 사색적이지만 적극성과 발전성이 결여되고, 이론이 앞서 행동이 동반되지 않는 경향이 있다.

이처럼 대인형과 대물형은 정반대되는 관계에서 일장일단이 있으므로 각각의 적성에 맞는 일을 찾는 것이 바람직하다.

하지만 대인형 아니면 대물형이라는 경직된 사고를 갖는다면 아무리 시간이 흘러도 진보가 없게 된다. 그래서 양쪽의 장점이 되는 요소를 익히는 노력이 필요하다. 이와 같은 노력이 뒤따른다면 그 사람이 가지고 있는 독특함은 몇 배로 살아날 수 있다.

예를 들어 다음과 같이 변화를 추구한다면 일반적인 세일즈맨이나 설계기사와는 전혀 다른 사람이 될 수 있는 것이다.

- 문서에 강한 세일즈맨 | 대인형이 대물형의 요소를 받아들인 경우이다.
- 말하는 것을 귀찮아하지 않는 설계기사 | 대물형이 대인형의 요

소를 받아들인 경우이다.

이와 같은 타인의 견해를 통해 당신 자신이나 주위 사람을 보다 발전적으로 변화시킬 수 있다.

그룹에서의 역할의식을 판정한다

테스트 5 다음의 A~D 그룹 중에서 자신에게 맞는 그룹을 하나만 선택해보자.

Ⓐ 눈에 띄는 것을 좋아한다.
감정의 기복이 심하다.
사람들과 이야기하는 것이 즐겁다.
남들의 반응을 신경 쓴다(걱정한다).

Ⓑ 자신의 계획이 실현되어가는 것을 보는 것이 즐겁다.
모든 일에서 표면에 드러나고 싶어하지 않는다.
남을 도와주는 것을 좋아한다.
여러 사람의 생각을 듣는 것을 좋아한다.

Ⓒ 수수한 것을 좋아한다.
타인의 지시를 받아 무언가를 하는 것이 괴롭지 않다.
일은 정확한 편이다.

타인을 리드하기보다 타인에게 협조하는 편이다.

Ⓓ 사람을 많이 끌어모으는 것을 좋아한다.
남에게 정확한 지시를 내릴 수 있다.
남을 지도하는 것을 좋아한다.
상황 판단이 정확하다.
사람의 힘을 끌어내는 능력이 있다.

각 그룹의 특성에 따라 다음과 같은 유형으로 정의할 수 있다.

Ⓐ 플레이어형
Ⓑ 프로듀서형
Ⓒ 전문직형
Ⓓ 디렉터형

A의 플레이어형은 그룹에서 주역이 되고 싶어하는 사람이다. 무슨 일이든 스포트라이트를 받지 않으면 만족하지 못한다. 자기현시욕이 강하다고 할 수 있다. 화사한 것을 좋아하는 편이다.

B의 프로듀서형은 모든 일의 계획을 세우고 전체를 정리해 나가는 것을 좋아하는 타입이다. 사전 조율을 좋아하고, 자신의 작전대로 일을 움직여가는 것이 즐거움이고 보람이다. 어설프게 표면에 나서는 것을 좋아하지 않는다. 어디까지나 숨은 실력자로 있고 싶어한다. 또한 가지 일이 무사히 끝나면 일단 끝난 일에는 그다지 집착하지 않는다. 깨끗하게 다음 기획이나 이벤트로 관심을 옮기는 것이다.

C의 전문직형은 드러나지 않는 곳에서 전력하고 싶어하는 사람이

다. 조용하며 남 앞에 절대 나서려고 하지 않는다. 이런 존재가 없다면 플레이어형은 일을 잘 해낼 수 없을 것이다. 설령 일을 잘 처리했어도 소용없게 만들어버릴 가능성이 크다. 보선(保線) 담당이 선로를 정비해야만 비로소 열차는 선로 위를 달릴 수 있다. 정비사가 비행기를 정비하지 않으면 점보기든 제트기든 안전하게 하늘을 날 수 없는 것이다. 이들이 없는 세계에서는 아무 일도 할 수 없을 정도로 전문직형은 반드시 필요한 존재다.

D의 디렉터형은 현장사무소장이다. 건축 현장에 현장감독, 연극에 디렉터, 오케스트라에 지휘자가 필요하듯이 모든 직장에는 이끌고 갈 사람이 필요하다.

이상 살펴본 유형은 어디에든 존재한다. 어디에서 무슨 일을 하든 자신의 수비범위를 정확하게 지키면 팀플레이가 좋아지는 것은 당연하다.

다 같이 플레이어형이 되거나 전문직형이 된다면 일이 제대로 될 리 없다. 당신에게 맞는 유형을 잘 파악하고 그 역할을 다함과 동시에, 주위 사람들에게도 어떤 역할이 적합한지 올바르게 파악하고 조언해보자.

c·h·e·c·k

현대가 요구하는 리더의 4가지 유형

관리자형 리더의 7가지 조건 | 1_ 타인에게 일을 일임할 수 있어야 한다. 2_ 전체를 바라보고 장기적으로 통찰할 수 있어야 한다. 3_ 결단력이 있어야 한다. 4_ 자기희생 정신이 있어야 한다. 5_ 문제해결 능력이 있어야 한다. 6_ 추진력이 있어야 한다. 7_ 자기 자신을 잘 알아야 한다.

참모형 리더의 7가지 조건 | 1_ 정보 감각이 뛰어나야 한다. 2_ 아이디어와 기획력이 있어야 한다. 3_ 표현력과 설득력이 있어야 한다. 4_ 강력한 무기를 가져야 한다. 5_ 인간적인 신뢰감을 주어야 한다. 6_자기함정에 빠지는 것을 경계해야 한다. 7_ 운이 따라야 한다.

독주자형 리더의 3가지 조건 | 1_ 남보다 의욕을 배로 높이고 다른 사람은 도저히 흉내낼 수 없는 것을 연구해야 한다. 2_ 의욕을 북돋울 수 있는 목적을 갖는다. 3_ 주위에서 납득할 수 있는 실적을 올려야 한다.

스태프형 리더는 이른바 마이 페이스로 꾸준하게 착실히 일하는 타입이다. 사람들과 마찰을 일으키는 일은 거의 없지만 그다지 사교적인 편이 못 된다. 하루 종일 아무와도 이야기하지 않고 책상이나 기계 앞에 앉아 있어도 힘들어하지 않는다.

성격의 장단점으로 알아보는 업무 스타일

액셀형은 전체적인 파악에 중점을 두고, 지엽적인 문제는 다음으로 미루는 경향이 있다. 업무는 속도감이 있고 적극적이다. 이에 비해 브레이크형은 일일이 확인하면서 단계적으로 진행하지 않으면 마음이 개운하지 않은 사람이다. 업무 속도는 액셀형에 비하면 느리고 대처법도 신중하다.

단거리형은 재치가 있어 임기응변적인 일을 잘 처리하므로 그때그때는 대접을 받지만 장기적으로는 결국 아무런 보람도 얻지 못할 위험성이 있다. 장거리형은 언뜻 둔감해 보이고 그다지 도움이 될 것 같지 않아 보여도 꾸준하게 지도를 하면 나중에 크게 성장하기도 한다. 하지만 언제 그 눈을 뜰지는 아무도 보증할 수 없다.

대인형은 일반적으로 외향적이고 행동적이지만 사고방식이나 행동에 일관성이 없고, 무슨 일이든 충동적이 되기 쉽다. 대물형은 내향적이고 사색적이지만 적극성과 발전성이 결여되고 이론이 앞서 행동이 동반되지 않는 경향이 있다.

Human Relations

08 남을 알고 나를 아는 힌트

성격과 행동의 약점을 파악하는 체크리스트

이 테스트는 자신의 결점을 알고 보완하기 위한 것이다. 다음 각 항에 OX로 답을 한다.

1 무언가에 불안해하고 있다.
2 새로운 점포가 생기면 얼른 가보고 싶어진다.
3 단조로운 일은 오래 계속하지 못한다.
4 노력할 일은 아직 많이 있다고 생각한다.
5 같은 실수를 자주 범한다.
6 쉽게 화를 잘 낸다.
7 소극적인 성격이 아니다.
8 늘 자신감에 넘쳐 있다.
9 항상 희망을 가지고 있다.
10 공부는 별로 좋아하지 않는다.
11 곤란하거나 귀찮은 일이 들어오면 기운이 빠진다.

12 일이 잘되었을 때에는 협력자에게 감사의 마음을 잊지 않는다.

13 다른 사람과의 약속을 잊어버리는 경우가 있다.

14 사서 걱정을 하는 타입이다.

15 남들에게 무시당하고 있다고 생각한다.

16 어쩐지 실패할 것 같은 생각이 든다.

17 인생은 결국 운이 좋은 사람이 이익이다.

18 다양한 분야에서 성공한 사람의 이야기를 듣고 싶다.

19 일이 뜻대로 풀리지 않을 때에는 여러 가지로 다른 방법을 생각한다.

20 일이 잘 풀리면 기뻐서 어쩔 줄을 몰라한다.

21 남이 요령껏 일하는 것을 보면 일하기 싫어진다.

22 모든 것이 싫어질 때가 있다.

23 곧잘 흥분하곤 한다.

24 늘 가슴을 펴고 살아갈 수 있다.

25 그다지 확실한 목표가 없다.

26 새로운 지식과 기술의 흡수에 노력을 기울이고 있다.

27 한 가지 일을 장기간 계속해 나갈 수 있다.

28 남들이 바보로 보인다.

29 약속을 하루 늦추거나 하는 일은 거의 없다.

30 일이 손에 잡히지 않을 때가 있다.

31 남 앞에서 생각했던 것을 말하지 못한다.

32 무슨 일을 해도 자신이 없다.

33 자신의 성장을 확인해보고 싶다.

34 지금 당장 도움이 되지 않는 일이라도 흥미를 가질 수는 있다.

35 무슨 일을 하든 도중에 흐지부지한다.

36 실패했을 때는 자신의 미흡함을 반성한다.

37 시간관념이 철저하지 못한 편이다.

38 언제나 불만 때문에 안절부절못한다.

39 대인관계가 좋다.

40 곧잘 당황한다.

결과를 다음 표와 대조해보자.

Ⓐ 1 X 9 O 17 X 25 X 33 O

Ⓑ 2 O 10 X 18 O 26 O 34 O

Ⓒ 3 X 11 X 19 O 27 O 35 X

Ⓓ 4 O 12 O 20 X 28 X 36 O

Ⓔ 5 X 13 X 21 X 29 O 37 X

Ⓕ 6 X 14 X 22 X 30 X 38 X

Ⓖ 7 O 15 X 23 X 31 X 39 O

Ⓗ 8 O 16 X 24 O 32 X 40 X

OX가 일치한 수를 A, B, C, D, E, F, G, H와 같이 가로로 결과를 집계한다.

A는 낙천성 · 목표지향성, B는 호기심 · 향상심, C는 지구력, D는 겸허함, E는 책임감, F는 정서, G는 사회성, H는 자신감을 나타낸다. 많을수록 그 경향이 강하다. 예를 들어 A가 5개 이상 일치했다면 낙

천성 · 목표지향성이 강한 것을 나타낸다.

다만 8~16, 10~26, 12~20의 답이 일치할 경우는 자신의 성격을 확실하게 파악하지 못해 갈피를 잡지 못하는 상태일 수 있다.

모든 일이 잘 풀리지 않는 것은 낙천성 · 목표지향성의 부족?

그룹 A에서 일치하는 항목이 3개 이하로 나온 사람은 낙천성 · 목표지향성이 낮은 사람이다. 어쩌면 그것이 원인이 되어 주저하게 되고, 성격이 소극적이어서 무엇을 해도 도중에 포기하는 경향이 있을 것이다.

스스로 너무 소극적이어서 무슨 일을 해도 잘 풀리지 않는다고 생각하는 사람은 이 부분을 고쳐보라. 상황이 훨씬 좋아질 것이다.

매사에 플러스 사고를 하며, 늘 마음을 밝게 가지고 '이상'을 그리는 것이 선결 문제다. 과거에 실패와 좌절을 겪은 사람은 마음이 어두워지고 아무것도 믿을 수 없게 될지도 모르지만 가능한 한 빨리 기분을 전환하는 것이 중요하다.

그(그녀)가 적극성이 없는 것은 낙천성 · 목표지향성이 적고 자신감을 잃었기 때문일 것이다. 슬럼프에 빠진 사람은 대체로 '난 어째서 일이 늘 이렇게 꼬이는 걸까?' 이렇게만 생각하는 경향이 있다.

물론 반성도 필요하지만 그것만으로는 아무것도 되지 않는다. 과거에 일이 잘 안 풀렸던 것은 에너지가 분산되어 있었기 때문이다. 그 분산된 에너지를 발전적인 방향으로 모으려는 연구가 뒤따르지 않는다면 아무리 반성을 많이 해도 소용없는 것이다.

그 이전에 내가 정말 하고 싶은 것이 무엇인지 확실히 할 필요가 있다. 혹은, '나는 무엇을 할 수 있을까', '어떻게 하면 사람들에게 도움이 될 수 있을까', '남들이 좋아하는 일을 할 수 있을까' 등의 목표를 세워 생각해보면 좋을 것이다. 자신이 어떻게 되고 싶은지도 모르는데 일이 잘될 리가 없다.

좀더 구체적으로 말하면, 자신의 직장은 어떠한 상태가 이상적일지 생각해본다. 그러고 나서 현실은 어떤지를 비교해보면 해야 할 일이 산더미처럼 있다는 것을 깨닫게 될 것이다. 이것은 비단 직장뿐만 아니라 가정에서도 마찬가지다.

'이상과 현실이 이토록 많이 떨어져 있구나' 하고 생각하는 것이 아니라 '현실을 이상에 한걸음 가깝게 하기 위해서는 무엇을 해야 할 것인가' 생각하는 것이 목표지향성이고 낙천성이다.

그리고 그것을 실행으로 옮겨 좋은 방향으로 나가게 하려면 발상의 전환이 필요하다. 언제나 같은 사고회로 속에서 맴돌다가는 문제를 좋은 방향으로 이끌어갈 수 없다.

어려운 문제의 돌파구를 여는 데는 다음의 힌트 100에서 다룰 '호기심 · 향상심' 이 필요하다.

문제 해결에는 호기심 · 향상심이 키포인트

그룹 B에서 일치하는 항목이 3개 이하로 나온 사람은 호기심과 향상심이 부족한 사람이다. 이런 사람은 어떤 문제에 맞닥뜨렸을 때 해결하는 데 어려움을 겪기 쉽다.

침체된 경제를 되살리기 위해 정부는 각종 정책을 내놓고 있지만 도무지 경제는 회복될 조짐이 보이지 않는다. 왜일까? 이유는 간단하다. 발상이 빈곤하기 때문이다. 발상을 풍부하게 하려면 호기심 · 향상심을 가져야 한다.

모든 일에 관심을 가지고 어떤 것을 보더라도 지금까지와는 다른 감동을 가져본다. 거기에서 비로소 창조성이 생긴다. 심리학자의 보고에 의하면 5세 이하 유아의 90퍼센트가 창조성을 나타낸 데 반해, 35세 이상의 어른은 90퍼센트 이상이 창조성을 나타내지 못했다고 한다. 주변에서 일어나는 일을 당연한 일로 지나치지 말고 신선한 감각을 가지고 되돌아볼 일이다.

한 회사에서 입사 후 6개월이 지난 사원에게 각 부서에 의문점이나 문제점을 지적해보라고 했더니 선배들이 미처 깨닫지 못하고 있던 새로운 아이디어와 제안이 많이 나왔다고 한다. 베테랑은 모든 것을 알고 있다는 자만심에 빠져 중요한 부분을 간과하는 것이 맹점이다.

일례를 들어보자. 한 회사의 영업부에서 직원들에게 회사 근처에서 신규고객을 개척하라고 지시했다. 베테랑 영업사원은 '이 근방은 모두 방문을 했으니 가능성이 없다'는 생각에 빠져 있었기 때문에 성과는 거의 제로에 가까웠다. 그러나 신입사원들이 거둔 성과는 놀라운 것이었다. 신입사원들은 자사 빌딩부터 롤러 작전(호별 방문이나 영업 확장을 위해 가가호호 빈틈없이 방문하는 것을 가리킴)으로 훑어나가는 방법을 전개하였다. 그 결과, 수십 건의 신규고객 개척에 성공한 것이다. 베테랑은 머릿속으로 미리 가능성이 없다고 단정해버려 가능성 있는 유망한 고객까지 놓친 것이다.

이것은 비단 영업부에만 해당되는 것은 아니다. 어떤 직장, 어떤 부서든 업무를 개선하고 효율화하기 위해서는 호기심 · 향상심이 필요하다. 새삼스럽게, 전례가 없다, 전에도 해봤지만 안 됐다는 구태의연한 생각을 버리고 뭘까?, 왜 그럴까?를 탐구하는 발상의 전환이 필요한 것이다. 그렇게 된다면 개인적으로도 밝고 즐겁고 풍요로운 생활을 할 수 있게 된다.

경영자나 관리자 등 지도적인 입장에 있는 사람은 당연히 이런 호기심 · 향상심을 가진 사람을 키워줄 의무가 있다. 경우에 따라서는 다소 엉뚱해 보이는 제안이나 문제제기에도 귀를 기울이는 자세가 필요하다. 언뜻 기상천외해 보이는 발상이 의외의 돌파구가 되기도 한다.

타 업종에 종사하는 사람이나 타 부서 사람들, 문외한 등의 의견에 귀를 기울이는 것도 중요하다. 또한 직장에서 모든 제약을 배제하고 나이와 성별, 부서, 계층, 커리어에 관계없이 브레인스토밍을 시도하는 것도 창조성을 개발하는 좋은 기회가 될 것이다.

문제 해결에는 반드시 지구력이 필요

그룹 C에서 일치하는 항목이 3개 이하로 나온 사람은 지구력이 부족한 사람이다.

어떤 일이든 문제가 있게 마련이며, 그래서 그 문제를 찾아내는 것은 아무리 강조해도 지나치지 않을 만큼 중요하다. 문제를 발견하기 위해서는 호기심과 감성이 필요한데, 하지만 문제를 발견하여 문제제기를 하는 것만으로 그친다면 역시 문제가 있다. 거기에는 반드시 해결책이 뒤따라야 하는 것이다.

예를 들면 제조부서에서 '작업상의 실수를 해결하기 위해 기본을 다시 보자'는 문제제기가 나왔다고 하자. '기본을 다시 보자'고 말을 꺼내는 것만으로 모든 것이 잘 해결된다면 이미 예전에 그 실수는 없어졌을 것이다. 형식적인 해결책으로는 사태가 좋아지지 않는다는 것에 문제의 뿌리가 있다.

영업부서에서 '매출이 늘어나지 않는다'는 문제제기가 나왔다. '고객을 다시 보자'는 해결책은 누구나 말할 수 있다. 이것으로 문제가 해결된다면 매출 문제로 고민하는 기업은 없을 것이다.

결국 제조부서나 영업부서를 비롯한 모든 부서에서 문제를 해결하기 위해서는 '당연한 일이 어째서 실행되지 않고 있는가?', '실행한 것을 성과로 연결하려면 어떻게 하면 좋을까?'에 대해서 차분하고 꾸준하게 생각하는 것이 포인트다. 그와 동시에 장애에 부딪쳐 일이 잘 안 될 경우에 그 장애를 제거하는 노력을 끈질기게 계속하는 것이 필요하다.

비단 직장 문제뿐만 아니라 개인의 사생활에서도 이런 공식은 그대로 적용된다.

목표를 성취할 수 있는지의 여부는 지구력이 관건이라고 해도 과언이 아니다.

지구력이 부족한 사람은 단거리형에 많이 있다. 집중력은 있는데 오래 지속하지 못하고 주저앉아버리는 것이다. 자신이 그런 경향이 있다고 생각되는 사람은 약간 벅차다 싶으면 한숨 돌리고 체제를 바로잡는 마음가짐을 가지면 지구력은 향상된다. 지구력이 없는 부하를 지도하는 상사는 상대방을 봐가면서 힘들어한다는 생각이 들면 약간 휴식을 취하도록 하여 기분전환을 시키는 등의 대책도 효과적이다.

꾸준함은 곧 힘이다. 얼마나 끈기 있게 계속할 수 있을지가 성패를 좌우하는 경우도 많은 것이다.

독불장군 사장에게는 겸허함이 부족하다

인간이 혼자서 할 수 있는 일은 뻔하다. 그래서 우리들은 어떠한 형태로든 팀을 만들어 일을 한다. 팀 조직은 일반적으로 유능한 사람과 별로 그렇지 못한 사람, 나이와 성별이 다른 다양한 사람들로 구성되어 있다.

최고의 능력과 최고의 인간성을 가진 사람들만으로 구성된 팀이 가장 이상적일 것이다. 하지만 그런 경우는 실제로는 거의 전무하다. 어떤 그룹이든 대부분은 평범하거나 일장일단을 가지고 있는 사람들로 이루어진 것이 일반적이다.

당신이 그룹 속에서 가장 뛰어난 인재라고 하자. 당신 눈에는 팀원들이 영리하지 못하고 얼빠진 것처럼 보일지도 모른다. 이 테스트에서 D항목이 일치하는 부분이 3개 이하인 사람은 그런 경향이 보일 것이다.

중소기업 사장들은 이런 경향을 보이는 대표적인 인물이다. 상품지식, 업무상 기능, 영업력, 인맥 등 무엇을 보아도 사내 넘버원인 경우가 많다. 그런 사장은 "우리 직원들은 죄다 멍청이들뿐이야" 하고 한탄한다.

어쩌면 그럴지도 모른다. 하지만 사장 혼자서는 아무것도 할 수 없을 것이다. 다른 사람들이 눈에 보이지 않는 곳에서 받쳐주고 있기 때문에 회사가 무리 없이 돌아가는 것이다.

지나친 자신감을 가진 독불장군 사장을 비롯하여 유능함을 뽐내는 인재들은 자신을 능가하는 우수한 인재를 멀리하는 경향이 있다. 이처럼 스스로 인재를 키울 수 있는 '싹'을 잘라내니 자기 이상의 인재가 배출되지 않는 것은 당연한 일이다.

독불장군 사장은 물론이고, 자신의 유능함을 뽐내는 인재는 평범한 사람들의 협력을 얻어야만 실적을 올릴 수 있다는 것을 분명하게 인식해야 한다.

남들이 바보로 보일 때가 있을 것이다. 그럴 때는 많은 협력자와 지지자의 존재를 떠올려보라. 만약 그것을 잊는다면 협력자와 지지자들의 마음은 곧바로 당신에게서 떠나버릴 것이다. 그리고 그것을 깨달았을 때는 이미 늦다. 너무 당신은 고립무원의 처지에 놓여 그 누구의 협력도 얻을 수 없고 실적도 급락하게 되는 것이다.

그렇다고 그저 겸허하기만 하면 된다는 것은 아니다. 모든 일에 소극적이고 책임을 회피하는 것을 '겸허함'이라고 잘못 알고 있지는 않을까?

만일 그렇다면 '책임감' 항목을 보기 바란다. 책임감이 낮게 나오면 그것은 겸허함이 아니라는 것을 명심하고 '나는 무엇을 해야 할까', '사람들이 나에게 무엇을 원할까'를 다시 생각하기 바란다.

충실감은 책임 있는 행동에서 나온다

책임감은 무엇인가를 성취하기 위해서 꼭 필요한 요소다. 문제가 발생했을 때 문제의 책임을 모두 주위 환경에 전가한다면 그 문제는 아무리 시간이 흘러도 해결되지 않고, 문제가 해결되지 않으니 당연히 목적을 이룰 수도 없는 것이다.

매출이 늘지 않고 실적이 저하되는 것이 불황이나 정치 탓이라고 투덜거리는 경영자나 관리자는 영원히 그 상태에 벗어나지 못한다.

무엇보다 심각한 문제는 이와 같은 현상이 사회 전반에 걸쳐 일어나고 있다는 점이다. 관계자의 책임감과 사명감 결여로 여러 가지 문제가 발생하고 있는 것이다. 가령 의료사고는 사명감의 결여에서 발생한 전형적인 예라고 할 수 있다.

어쩌면 원자력 관련 사업장에서 일어난 일련의 사고도 자신들이 '나는 마을 주민을 비롯한 많은 사람들의 건강과 생명에 관한 일을 하고 있다' 는 자각을 하지 못하고 있기 때문에 발생하는 것이라고 생각된다.

공무원은 공복(公僕)이라는 사명감은 조금도 느끼지 못하는지 뇌물을 받아 파문을 일으키기 일쑤고, 정치가나 관료들도 국민에게서 거둔 혈세라는 의식이 전혀 없이 돈을 펑펑 쓴다.

공적자금 투입으로 구제된 불량채권을 보유한 시중 은행이나 종합건설 청부업자에서 사원에 이르기까지 '국민에게 부담을 주고 있다'는 것을 전혀 의식하지 못하고 있다.

부모는 아이의 교육을 방기하고 학대하며 교육을 학교나 유치원에 내맡겨놓고 있다.

이와 같이 지금 세상은 정부, 의료, 지방행정에서 민간기업, 학교, 가정에 이르기까지 전 국민 무책임시대가 되어버렸다는 느낌이다.

이런 까닭에 지금 가장 시급한 것은 모든 수준에서 자신이 처해 있는 입장이나 사명을 다시 생각하고 책임 있는 행동을 취하는 것이다. 책임 있는 행동은 어쩐지 손해 보는 것 같다는 생각도 들 수 있다. 그러나 책임을 다했을 때의 상쾌함과 충실감은 그 어디에도 비할 수 없다.

그룹 E에서 일치하는 항목이 3개 이하로 나온 사람은 적잖이 현대의 풍조에 물들어 무책임해질 우려가 있는 사람이다.

무책임한 행동은 세상을 혼란하게 만드는 원흉이다. 무책임한 행동은 자신은 물론 많은 사람을 불행에 빠뜨리게 하는 것이다.

정서 안정은 평생을 좌우한다

여기서 말하는 정서는 요컨대 '감정 컨트롤이 가능한가', '언제나 냉정한 판단을 할 수 있는가'와 통한다. 그룹 F에서 일치하는 항목이 3개 이하로 낮은 사람은 '유사시에 평소의 실력이 다 나와주지 않는다', '울컥하는 버릇이 있다', '냉정한 판단을 하지 못하고 나중에 후회하는 일이 많다'는 생각을 할 것이다.

변화가 격심하고 인간관계도 복잡한 현대사회에서는 항상 냉정한 판단이 필요하다. 뛰어난 지식이나 기능을 가지고 있다 해도 언제나 안절부절못하거나 사소한 일로 전전긍긍한다면 실력을 평가받지 못하고 결국은 손해를 보게 된다. 실제로 실력은 있으면서도 어쩐 일인지 운이 따르지 않는 사람 중에는 정서가 불안정한 사람이 많다.

정서가 불안정한 사람은 감정을 다스리지 못하고 '욱하는' 경향이 있다. 그래서 무의식중에 타인에게 상처를 입히거나 심한 경우에는 평생 되돌릴 수 없는 잘못을 저지르기도 한다.

이런 사람은 참을성이 없고 표현력이 결핍되어 하고 싶은 말을 제대로 하지 못하는 수도 있다. 사회생활을 하면서 어느 정도 자신의 이기적인 의지를 억누르는 일은 필요하다. 하지만 하고 싶은 말도 제대로 하지 못하고 아쉬움이나 억울함을 가슴에 묻어둔다면 언젠가는 심리적인 부담을 견디지 못하고 폭발해버린다. 또한 심리적인 부담감은 몸의 병으로도 나타나 십이지장궤양이나 위염, 위궤양 등이 되는 경우도 있다.

사회가 복잡해질수록 정신적인 스트레스도 점점 악화되는 경향이 있다. 정신적인 스트레스를 얼마나 발산시킬지, 스트레스와 어떻게 잘 지낼지는 평생을 좌우하는 중대사라고 해도 좋을 것이다. 따라서 정신적인 압박감을 느꼈을 때는 가볍게 받아 넘기거나 피하는 기술이 필요하다. 하지만 그것은 쉬운 일이 아니다. 상대방은 당신의 무성의한 태도에 화가 나서 감정적이 될 우려도 있는 것이다.

대인관계는 의식을 가지고 대하는 것' 이 대원칙이다. 즉 상대방에 따라, TPO(time, place, occasion)에 따라 말을 충분히 듣고 맞물리지 않는 곳에서는 접점을 찾는 것이다. 물론 그전에 상대방에게 이쪽의 진의를 전할 상황인지 아닌지를 확인하는 것이 우선되어야 한다.

사회성 있는 인재를 목표로 하라

소심하고 소극적인 성격 때문에 대인관계가 어려운 사람은 아무래도 손해를 보게 마련이다. 물론 그런 사람도 그 사람만의 뛰어난 장점이 있을 것이며, 그것을 잘 살린다면 사회성이 부족해도 잘 융화할 수 있다. 또 조직의 입장에서는 그런 인재를 발굴하고 살려야 할 것이다. 하지만 인간이 사회적 존재인 이상 사회성은 불가피한 요소다.

그룹 G에서 일치하는 항목이 3개 이하로 낮은 사람은 사회성이 부족한 사람이다. 사회성이 결여된 사람은 실수를 두려워한다. 과거에 실패와 좌절을 겪었다면 아무래도 더욱 신중해질 것이다. 혹은 걱정이 너무 지나친 탓도 있다. '이런 말을 하면 날 어떻게 생각할까' '이런 말을 하면 비웃지나 않을까' 이런 쓸데없는 걱정에 빠져 있는 것이다.

자신에게 책임이 돌아올 일은 어떻게든 회피하려는 경향도 사회성이 결여된 사람이 보이는 특성이다. 이런 사람은 대기업이나 관공서에 근무하는 사람에게서 많이 보인다.

정치가와 공무원, 비즈니스맨, 이밖에 어떤 분야에서도 '일본인은 자신의 생각을 표현하지 않는다', '무슨 생각을 하고 있는지 알 수가 없다'는 말을 많이 듣는다. 더러는 '말하지 않아도 이해해줄 것'이라고 생각하기도 하고, 또 더러는 '내게 다 맡겨. 나쁘게 하지 않을 테니' 하는 생각을 갖고 있었는지도 모른다. 하지만 적어도 국제사회에서는 통하지 않는다.

국제화 시대가 요구하는 사람이 되기 위해서는 다음과 같은 전제가 필요하다. 첫째, 자신의 사고를 분명하게 가지는 것이 중요하다. 둘째, 자신과 사고가 다른 사람에게 '다르다'고 분명하게 잘라 말할 수 있어야 한다. 셋째, 상대방을 납득시킬 수 있는 기량과 재능을 지녀야 한다. 넷째, 상대방이 하는 말도 잘 들어야 한다. 다섯째, 상대방이 무엇을 생각하고 있는지 분명하게 파악할 수 있어야 한다.

자신감은 적당하게

자신감을 가지려면 자신의 생각을 갖는 일이 필요하다. 주위의 얼굴빛을 살피고, 형세가 유리한 사람에게 복종하는 삶이 안전해 보일지도 모른다. 하지만 현대는 급격히 변화하는 시대이다. 어제까지 좋았던 일이 오늘은 정반대가 되는 경우가 비일비재하니 이것은 오히려 위험하다.

위험할 때 의지가 되는 것은 자기 자신뿐이다. 지금 환경이 좋다고 넋놓고 있다가는 위기가 닥쳐왔을 낭패 보기 십상이다. 후회해봤자 이미 때는 늦는 것이다. 순조로울 때부터 위기에 대비하는 마음가짐이 필요하다. 확고한 자기 생각을 가지고 자신의 장점, 세일즈 포인트를 분명하게 꿰뚫고 있던 사람은 위기가 찾아와도 허둥대지 않는다. 이것은 자신감으로 이어진다.

물론 자신감이 지나쳐 과신이 되면 이 또한 위기를 극복하기 힘들다. 그룹 H에서 일치하는 항목이 3개 이하라면 빨리 자신의 사고와 장점을 찾아내야 한다. 거꾸로 만족했던 사람은 과신에 주의해야 한다. 과신은 겸허함이 없다는 것을 의미하고, 자칫 자기 자신을 잃을 우려가 있음을 가리킨다.

당신 주변에 사람들이 모이고, 그들이 당신 말에 따르는 것이 직책 때문인지, 아니면 인간적인 매력 때문인지를 잘 파악하라. 그것을 제대로 보지 못한다면 비참한 미래를 맞을 수도 있다. 이런 잘못을 범하지 않기 위해서는 때때로 냉정한 마음으로 내가 지금 어떤 상황에 놓여 있는지 차분히 되돌아보는 것이 필요하다.

일시적으로 자신의 환경에서 떨어져보는 것도 효과적이다. 자신이 처한 환경과 상황뿐만 아니라 자기 자신도 객관적으로 파악할 수 있는 기회가 될 것이다. 또 주변 사람들이 부담 없이 진솔한 얘기를 하고 정직한 정보를 알려주는 분위기를 만드는 것도 필요하다. 지나치게 고압적으로 자신의 의견만을 말하고 그에 따를 것을 강요한다면 주위 사람은 '진짜'를 이야기해주지 않게 되고 당신은 '벌거벗은 임금님'이 되어버린다.

부하의 입장에 있는 사람은 상사와 선배가 지위와 직책으로 자신만만해하는 것뿐인지, 정말 신념이 있는 사람인지를 잘 살펴볼 필요가 있다. 대기업이나 관청의 간부들 중에는 전자와 같은 타입이 적지 않다. 후자와 같은 진정한 실력자는 오히려 드물지도 모르겠다. 늠름해 보여도 그 자신감이 진짜인지를 꿰뚫는 것이 중요한 포인트다. 강한 것도 필요하지만 유연성 없이 강하기만 한 것은 무른 것이나 다름없다.

남을 알고 나를 알면 두려울 것이 없다

지금까지 다양한 각도에서 남을 알고 나를 알 수 있는 테스트를 해보았다. 여러 가지 항목 중에서 자신에게 맞는 것을 선택하는 테스트는 사고방식, 취향, 타입, 즉 '형'을 알 수 있는 단서이다. 그에 비해 40문항 각각에 OX로 답하는 테스트는 각각의 '문제점'을 알고 결점을 교정하는 것이 목적이다.

장점을 늘리고 단점을 고치는 것은 두말할 나위 없이 필요한 것이지만 자기 자신을 잘 알고 좋은 점을 살리는 편이 바람직하다. 좀더 넓은 시야에서 보면 장점은 결점이 될 수 있고, 결점은 장점이 될 수 있는 것이다.

몇 가지 예를 들어보기로 하자.

'유연함'은 기회주의나 신념이 없다 → '유화'는 무기력하다

'기민함'은 경박하다 → '멋쟁이'는 아니꼽다

'신중함'은 보수적이다 → '친절함'은 쓸데없는 참견이다

'이론적'은 차갑다 → '냉정함'은 정열이 부족하다

'단정함' 은 가까이하기 어렵다 → '정중함' 은 끈질기다
'경제관념' 은 인색하다 → '선심 쓰는 것' 은 낭비다
'상냥함' 은 의지가 안 된다 → '낙천적' 은 경박하다
'대범함' 은 둔감하다

다만, 반드시 고쳐야 할 결점도 있다. 낙천성 · 목표지향성이 부족한 것은 비관적이다. 향상심이나 지구력이 없는 것도 치명적이다. 겸허함이 부족하거나 책임감이 없는 것도 좋지 않다. 정서 불안정이나 감정 컨트롤을 못하는 것은 평생을 그르칠 우려도 있다.

남을 안다는 것은 자신을 아는 것이기도 하다. 타인의 개성을 존중하고 살리는 것은 결국 자신을 소중히 여기는 것과 통한다.

하지만 대부분의 사람들은 짧은 생각에 자기주장만을 하여 자신과 다른 개성이나 사고방식을 가진 사람을 배제하거나 멀리하려고 한다. 그 결과 자신의 결점을 커버하지 못하고 결국은 고립되는 손해를 입는다.

그런 의미에서 이 장의 여러 가지 테스트로 자신을 아는 것과 동시에 자신에게 없는 타인의 좋은 점을 알고 서로 잘 활용할 수 있게 되기를 기대한다.

c·h·e·c·k

성격과 행동으로 알아보는 당신의 약점

낙천성 · 목표지향성이 낮은 사람은 어쩌면 그것이 원인이 되어 주저하게 되고, 성격이 소극적이어서 무엇을 해도 도중에 포기하는 경향이 있을 것이다. 따라서 실행으로 옮겨 좋은 방향으로 나가게 하려면 발상의 전환이 필요하다. 언제나 같은 사고회로 속에서 맴돌다가는 문제를 좋은 방향으로 이끌어갈 수 없다.

호기심과 향상심이 부족한 사람은 어떤 문제에 맞닥뜨렸을 때 해결하는 데 어려움을 겪기 쉽다. 이럴 때는 모든 일에 관심을 가지고 어떤 것을 보더라도 지금까지와는 다른 감동을 가져본다. 거기에서 비로소 창조성이 생긴다.

지구력이 부족한 사람은 단거리형에 많이 있다. 집중력은 있는데 오래 지속하지 못하고 주저앉아버리는 것이다. 자신이 그런 경향이 있다고 생각되는 사람은 약간 벅차다 싶으면 한숨 돌리고 체제를 바로잡는 마음가짐을 가지면 지구력은 향상된다.

지나친 자신감을 가진 독불장군 사장을 비롯하여 유능함을 뽐내는 인재들은 자신을 능가하는 우수한 인재를 멀리하는 경향이 있다. 이처럼 스스로 인재를 키울 수 있는 '싹'을 잘라내니 자기 이상의 인재가 배출되지 않는 것은 당연한 일이다. 독불장군 사장은 물론이고, 자신의 유능함을 뽐내는 인재는 평범한 사람들의 협력을 얻어야만 실적을 올릴 수 있다는 것을 분명하게 인식해야 한다.

책임감은 무엇인가를 성취하기 위해서 꼭 필요한 요소다. 문제가 발생했을 때 문제의 책임을 모두 주위 환경에 전가한다면 그 문제는 아무리 시간이 흘러도 해결되지 않고, 문제가 해결되지 않으니 당연히 목적을 이룰 수도 없다.

정서가 불안정한 사람은 감정을 다스리지 못하고 '욱하는' 경향이 있다. 그래서 무의식중에 타인에게 상처를 입히거나 심한 경우에는 평생 되돌릴 수 없는 잘못을 저지르기도 한다. 대인관계는 의식을 가지고 대하는 것이 대원칙이다. 즉 상대방에 따라, TPO(time, place, occasion)에 따라 말을 충분히 듣고 맞물리지 않는 곳에서는 접점을 찾아야 한다.

사회성이 결여된 사람은 실수를 두려워한다. 과거에 실패와 좌절을 겪었다면 아무래도 더욱 신중해질 것이다. 자신에게 책임이 돌아올 일은 어떻게든 회피하려는 경향도 사회성이 결여된 사람이 보이는 특성이다.

자신감이 부족한 사람은 빨리 자신의 사고와 장점을 찾아내야 한다. 거꾸로 만족했던 사람은 과신에 주의해야 한다. 과신은 겸허함이 없다는 것을 의미하고, 자칫 자기 자신을 잃을 우려가 있음을 가리킨다.

한눈에 사람을 알아보는 107가지 비결

지은이 | 구니시 요시히코

옮긴이 | 우제열

초판1쇄발행 | 2003년 4월 5일 초판2쇄발행 | 2003년 9월 5일

펴낸이 | 이춘원 펴낸곳 | 책이있는마을 등록 | 제10-1532(1997.12.26)

주소 | 서울시 마포구 서교동 362-11번지 3층 전화 | (02)323-2502 팩스 | (02)324-2502

 ISBN | 89-5639-022-3 03320

* 책값은 뒤표지에 있습니다.